住宅ローン
借り換え
マジック

ホームローンドクター代表
淡河範明

ダイヤモンド社

プロローグ

金融オンチでも大丈夫！借り換えで〝数百万円〟トクをする

★借り換えでトクするのはこんな人！

旧日本興業銀行（現みずほ銀行）勤務を経て、成功報酬制の住宅ローン専門コンサルタントとなり、累計6000人超におトクなローンを紹介してきました。その私だけが持つ、**住宅ローンの借り換えを可能な限り簡単に短期間で成功させ、家計や老後を黒字にして充実した人生を過ごす**ための魔法のようなノウハウを詰め込んだのが本書です。

かつて借り換えは

- **ローン残高が1000万円以上の人**
- **残りの返済期間が10年以上の人**
- **借り換え前と後の金利差が1％以上の人**

2014年当時の住宅利用者数、約900万人のうち、**条件に当てはまる人は**

約200万人

このうち、どれか一つでも当てはまれば、借り換えで１００万円以上のメリットが生まれるといわれていました。借り換えには手数料などの諸費用も発生しますので、今までは前述のような限られた人にしか借り換えメリットは生まれなかったのです。

しかし、２０１６年２月に**マイナス金利導入という、日本の金融史上初の異常事態が発生**しました。これがどれくらい異常なことなのかの説明は、本文を読んでいただくとして、このマイナス金利によって、これまでは借り換え対象外だった

- **現在の金利が１％以下**
- **借りてから5年未満の人**
- **変動金利で借りている人**

マイナス金利導入により、
2017年現在、
約600万人が
(全体の7割)
借り換えて
トクする状態に!

といった、**すでに十分低金利で借りていたと思われた人たちも、借り換えによるメリットが享受できる**ようになったのです。

私が本書を執筆しなければいけないという強い思いに至ったのは、このように今が**歴史上、初めてと言ってもいい、そして二度とないであろう絶好の借り換えチャンス**だからです。

★面倒な手続きもネットでラクラク！

ところが、借り換えをすればトクするとわかっていても、忙しくて銀行に行く時間が取れなかったり、「金利」なんて見るのも聞くのも嫌な金融オンチだったりするため、「面倒だし、ま、いいか」と放置してしまっている人も多いかもしれません。

しかし、今はインターネットを通じて、銀行によっては審査の申し込みから契約まで、一度も店頭に足を運ばずにできてしまう時代です。

銀行での手続きも、本書で紹介する裏ワザを使えば自分で行わず、配偶者やファイナンシャルプランナーなどにお願いすることも可能なのです。

面倒に思える手続きも、じつにシンプルで簡単になっているのが、今日の借り換えなのです。

しかも、インターネットで手続きできるようになったこ

住宅ローン契約の新規と借り換えの比率（金額ベース）

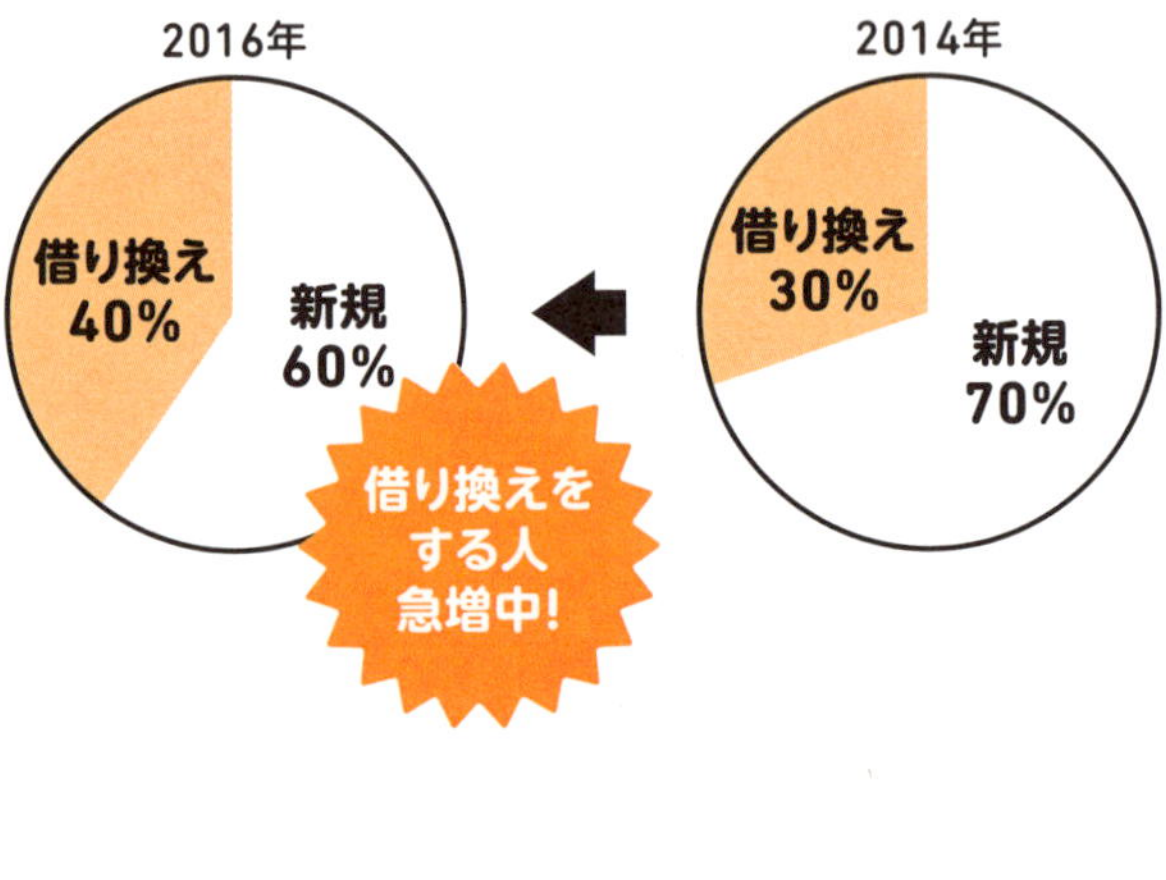

とで地方在住でも、地元の地銀や信用金庫だけでなく、ネット銀行やメガバンクが扱う魅力的な借り換えローンも選択肢に加わるようになりました。

選べる商品の数が増えたということは、トクする商品を探しやすくなったということです。これもかつてなかった大きな変化です。

★魔法のよう時給100万円を実現！

もっとも、「どの銀行の？」「どのタイプのローン？」といったローン選び、ましてや最もトクする借り換え方法を選び抜くのは、ひと筋縄ではいかない難しさがあります。

そうでなくても、商品の仕組み自体が複雑なのに、ローンの残債や返済期間、貯蓄額、年齢、子どもの数、病歴などによって最適な商品が違ってきます。

見方を変えれば、こうした個人差に触れず、「このローン

借り換えは手元の
現金が減らないので、
万が一のときも安心
繰り上げ返済には、
手元の現金が減る
という欠点が…
教育費を
忘れないでね

がおトク！」と薦めるような宣伝文句は疑ってかかるべきです。あなたにとってベストなローンとは限りません。

銀行は、金利を一見安く見せておいて、じつは手数料などの諸費用を高額に設定するなど、いくつもの〝罠〟を私たちに仕掛けてきます。ネットの情報も広告料目当ての偏った情報や、素人の書いた酷い記事のオンパレードです。

そこで本書では、初めに自分にとってベストなローンを探し当てるための「考え方」をお話しし、さらに、意外につまずくことの多い、借り換えメリットを試算する銀行のシミュレーションサイトの使い方や、実際に申し込みを行う際の注意点など、オペレーション部分も丁寧に解説しています。**最終的にあなたが自力でベストなローンを選べるところまでナビゲーション**して、数十万円、人によっては数百万円単位でトクするように導きます。

ここまで読んで、すでに「大変そうだな……」と、気持ちが暗くなっている人もいるかもしれません。

でも、ご安心ください。本書は他の本と比べて、ページ数が少ないと思いませんか？　それは**本当に借り換えに成功するために必要な知識だけを厳選している**からです。必要なことしか書いていませんので、時間を無駄にしませんし、多くを学ぶ必要もありません。

借り換えは魔法のように、ノーリスクでもたらされる数百万円というコストダウンです。その金額は人生を変える力を持っています。

私は普段**「借り換えは時給100万円」と言っていますが、それは私が手ほどきしたお客さまの中に、たとえば3時間の作業で300万円トクする人が続出**しているからです。「子どもが私大へ進学できた」「定年前に老後の黒字が確定できた！」といった感謝の声を、私が借り換えをお手伝いしたお客さまから多数いただいています。

そんな**大チャンスを、「面倒」とか「難しい」といった理由で、自ら手放してしまうのはもったいない**ことです。数百万円のお金が落ちていれば、拾わない理由はありません。

本書をご活用いただき、コストカットしたお金は、ぜひ幸せな暮らしのためにお使いください。

住宅ローン借り換えマジック◆もくじ

第1章

変動でも固定でもこんなにトク！

手数料込みで考える、パターン別シミュレーション

第2章 千載一隅のチャンス！ 今、借り換えるべき3つの理由

第3章

借り換え貧乏を防ぐ！

絶対トクする3つのルール

第4章
銀行は教えてくれない！
借り換えローンの正しい商品選び

第5章

安心！ 簡単！ 時短！

面倒知らずの「申し込み手続き」成功法

第6章 借り換え時の審査のツボと対処法

減収でも、転職直後でも、借金・延滞があってもあきらめない！

本書に登場する金利等のデータは、特に説明がない限り、2017年7月、8月現在のものです。

第1章

変動でも固定でもこんなにトク!

手数料込みで考える、パターン別シミュレーション

どれだけ儲かるか知っておこう

今日からあなたも借り換え長者！数百万円トクするパターンはこれ!!

自分に適した借り換えパターンを知ろう

この章では、**実際に100万円以上の借り換えメリットが出た、大きくリスクを下げることができた**といった10の事例を見ていきます。

最初に住宅ローンを借りたときは、不動産会社の勧める提携ローンなどを利用した人も多く、**「住宅ローン商品を選ぶ」**という意識は薄かったかもしれません。

しかし、借り換えはあなたが自分でローン商品の金利を比較し、借り換え後の諸経費を含めたトータルコストがいくらになるかをシミュレーションしなければいけません。

しかし、実際に借り換えをしようと各銀行のサイトを見ると、現在、変動金利が最も安いのは当然として、10年固定などの固定期間選択型の金利も変動金利に負けず劣らず下がっていて、「どちらを選ぶべきか」と頭を悩ます人も多いはずです。

また、これまでは割高感のあった全期間固定も1％台の金利が増え、魅力を増していることも、逆に選択を難しくしています。

では、何を判断材料にローンを選べば、おトクな借り換えが実現できるのでしょうか。

検討しなければならない要素はいくつかありますが、最も重要視すべきは、あなたが「現在借りているローン」と「借り換えるローン」が、それぞれ固定金利なのか変動金利なのかという点です。

「変動金利から固定金利に借り換えたほうがいい人」もいれば、「変動金利から10年固定に借り換えたほうがいい人」もいます。

残債や残存期間、どの程度リスク

を取れるかなどによって、どの金利タイプから、どの金利タイプへ借り換えるのがトクなのか違ってきます。

また、借り換えるついでにリフォーム資金をあわせて借り入れることもできます。月々の返済が厳しくなっている場合には、リバースモーゲージ型住宅ローンに借り換えて、契約者が亡くなったとき家を手放す代わりに借入金を清算するという方法もあります。借り換え方によって、効果は何倍にも膨らむのです。

次ページから紹介する代表的な10の借り換えパターンの中に、あなたと近い事例が必ずあるはずです。ローンの選び方については、2章以降でより詳しくお話ししていきますが、その前に、自分がどの借り換えパターンが適しているのか、ざっくり理解しておきましょう。

代表的な3つの借り換えパターン

現在の金利タイプ→借り換え後の金利タイプ	固定→固定	変動→固定	変動→変動
こんな人に向いている!	・残存期間の長い人 ・低金利によるコスト削減のメリットを得ながら、固定の安心感も欲しい人	・残存期間の長い人 ・残存期間の長短に関係なく、金利上昇リスクが不安な人 ・リスクを確実に下げたい人	・残存期間の短い人 ・世帯年収が高い、貯蓄が多いなど、金利上昇リスクを許容できる人 ・毎月金利をチェックして、金利動向の変化に対処できる人
ポイント	・10年固定など固定期間選択型を選ぶ際は、当初金利の安さだけに目を奪われず、固定期間終了後の金利や諸経費などの総返済額をシミュレーションして比較する	・金利が下がっている10年固定なら、変動との金利差が小さいため、借り換えメリットが大きくなる ・全期間固定への借り換えは金利差が大きいので、コスト面での削減効果は大きくないが、リスクは確実に下げられる	・本書ではあまりお勧めしない。ひと昔前の変動金利並みに固定金利が下がっている今、あえて変動を選ぶ意味は薄れている

次ページから上記をさらに細分化した10パターンを紹介します!

借り換えパターン①

リスクのないまま コストをもっと削減したい

全期間固定▼全期間固定 残存期間：約28年 残債：2155万円

家族構成

Aさん(38歳) 会社員
妻(35歳) 専業主婦
長女(5歳)
次女(3歳)

Before&After

178万円おトク！

借り換え前

借入時期	2011年8月
金利タイプ	全期間固定
金利	1.35%(現在) 2.05%(2021年から) 2.35%(2031年から)
残存期間	約28年
毎月返済額	【ボーナス払いなし】 7万4722円(現在) 8万1067円 (2021年から) 8万2817円 (2031年から)
残債	2155万円
残債に対する総返済額	2814万円

借り換え後

借入時期	2017年7月
金利タイプ	全期間固定
金利	1.18%
借入期間	28年
毎月返済額	【ボーナス払いなし】 7万7723円
借入額	2223万円
総返済額(A)	2519万円
諸費用(B)	115万円
トータルコスト(A)+(B)	2636万円

●借り換え候補の住宅ローン

		金利タイプ	返済年数	金利	毎月返済額	トータルコスト
現在		全期間固定	28年	1.350%	74,722円	2,814万円
候補1	りそな銀行(WEB申込限定プラン)	変動金利	28年	0.440%	70,553円 ▲4,169円	2,426万円 ▲388万円
候補2	三菱UFJ信託銀行	20年固定	28年	1.040%	76,186円 +1,464円	2,588万円 ▲226万円
候補3	みずほ銀行	全期間固定	28年	1.180%	77,723円 +3,001円	2,636万円 ▲178万円

※上記は「現在」の金利水準が続いた場合のシミュレーション

ポイント

金利差があればあるほど総返済額が減らせる

現在1・35%、将来2・35%になる全期間固定金利（段階金利）から、1・18%の全期間固定金利に借り換え、金利差最大1・17%で178万円も総返済額を抑えることができたパターンです。

完済までの金利が確定している全期間固定金利のなかには、10年後、20年後に金利が上がる段階金利タイプも含まれますが、想定以上の金利上昇リスクがないのが最大のメリットです。しかし、このケースでは最終的には金利が2%台まで上昇することが確定していました。そこで、10年が経過し金利が上がってしまう前に、段階金利のない全期間固定金利への借り換えを行いました。

　これまで全期間固定→全期間固定への借り換えは、金利差が少なく借り換えメリットが出にくいのが一般的でした。ところが、今は全期間固定金利がひと昔前の変動金利並みの1%強まで下がっています。そのため、金利上昇リスクはゼロのまましっかりコストを削減でき、借り換えメリットを享受できています。

オススメ リスクを避けたい人、金利チェックが苦手な人向き

　この借り換えパターンがおすすめなのは、金利上昇リスクを回避したい人、金利動向のチェックが苦手な人です。本来、全期間固定を選ぶべきは残存期間20年以上の人。返済が長期にわたるため、金利上昇リスクをできるだけ避けたいからです。

　一方で、総返済額が膨らみがちなので、返済期間28年と20年を大きく上回るこのケースでは、20年固定金利などを選ぶ選択肢もあります。

　計算してみると、20年固定金利のほうがおトクとはいえ、借り換えメリットは全期間固定金利より50万円ほど上回る程度。このご家庭は、「金利チェックは苦手」とのことでしたので、「50万円」と「20年後に再び金利を検討する手間」とを天秤にかけ、全期間固定金利のほうが、メリットが大きいと判断しました。

　単に借り換えメリットの大きさにこだわるのではなく、自分自身が金利上昇に対処できる力があるかを見極めるのも大切なポイントです。

●金利上昇シミュレーション（毎月返済額）

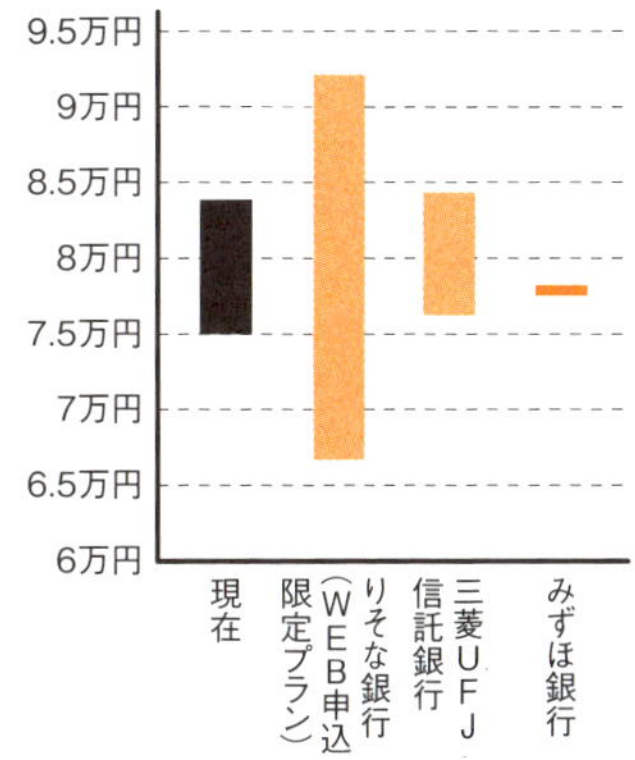

●金利上昇シミュレーション（トータルコスト）

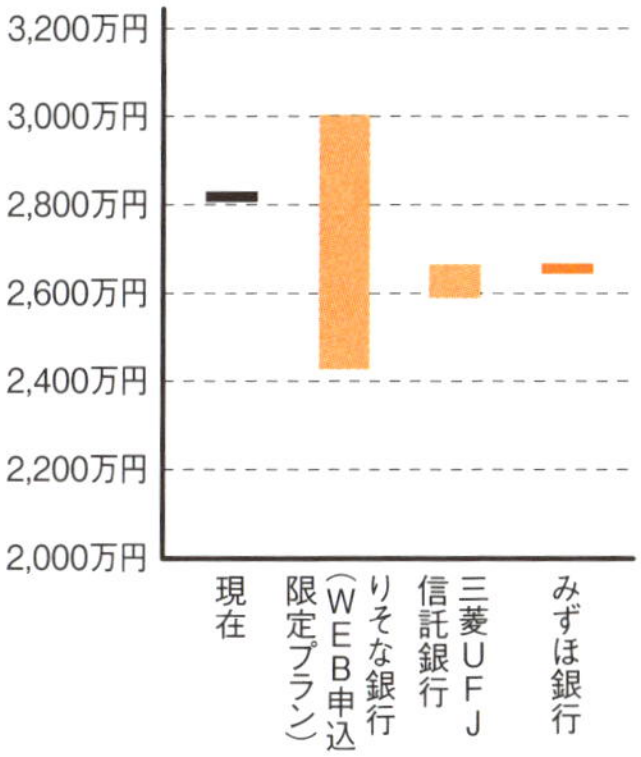

※上記グラフの幅は店頭金利が4%になった場合

借り換えパターン②

全期間固定より少しリスクを取り、コストをもっと抑えたい

全期間固定▼20年固定　残存期間：21年　残債：2084万円

家族構成

- Bさん(48歳) 会社員
- 妻(46歳) パート
- 長男(18歳) 大学生

Before&After

539万円おトク!

借り換え前

借入時期	2004年7月
金利タイプ	全期間固定
金利	3.1%
残存期間	21年
毎月返済額	【ボーナス払いなし】10万9326円
残債	2084万円
残債に対する総返済額	2950万円

借り換え後

借入時期	2017年8月
金利タイプ	20年固定
金利	1.04%
借入期間	21年
毎月返済額	【ボーナス払いなし】9万4567円
借入額	2140万円
総返済額(A)	2300万円
諸費用(B)	111万円
トータルコスト(A)+(B)	2411万円

●借り換え候補の住宅ローン

		金利タイプ	返済年数	金利	毎月返済額	トータルコスト
現在		全期間固定	21年	3.1%	109,326円	2,950万円
候補1	りそな銀行(WEB申込限定プラン)	変動金利	21年	0.440%	89,335円 ▲19,991円	2,301万円 ▲649万円
候補2	三菱UFJ信託銀行	20年固定	21年	1.040%	94,567円 ▲14,759円	2,411万円 ▲539万円
候補3	みずほ銀行	全期間固定	21年	1.170%	96,000円 ▲13,326円	2,443万円 ▲507万円

※上記は「現在」の金利水準が続いた場合のシミュレーション

ポイント

残存期間が長くてもリスクをとれるなら20年固定を選択

3・1%の全期間固定金利から1・04%の20年固定金利に借り換え、金利差2・06%で453万円ものコスト削減に成功したパターンです。

前項でも触れましたが、原則として、残存期間が20年を超えるのであれば全期間固定金利を選ぶのがセオリーです。

しかし、このケースの場合、固定期間終了後の残存期間がわずか1年しかありません。

そのため、店頭金利が仮に4％まで上昇しても月々の返済額は1000円弱しかアップせず、総返済額にはほとんど変化が見られませんでした。

こうした状況から、たとえ金利が上昇してもあくまで許容範囲であり、多少ならリスクを取ってもいいと判断し、20年固定金利への借り換えを選択しました。

●金利上昇シミュレーション（毎月返済額）

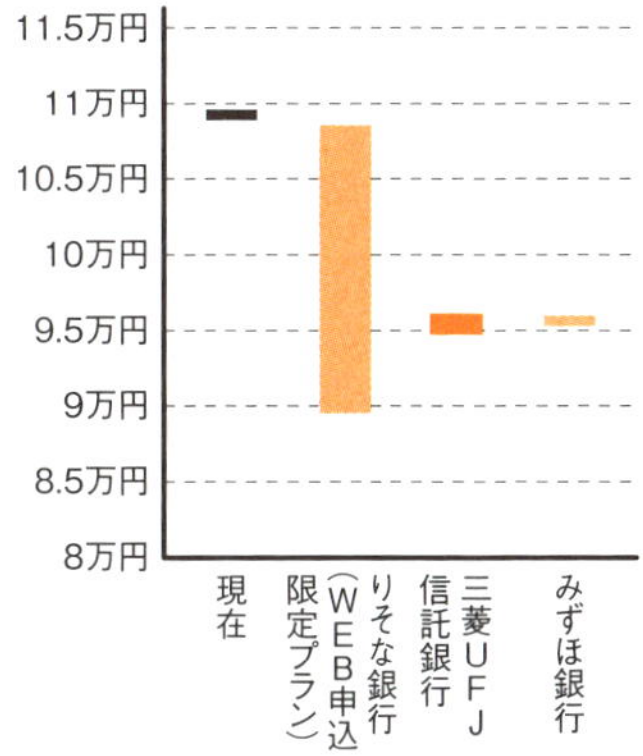

●金利上昇シミュレーション（トータルコスト）

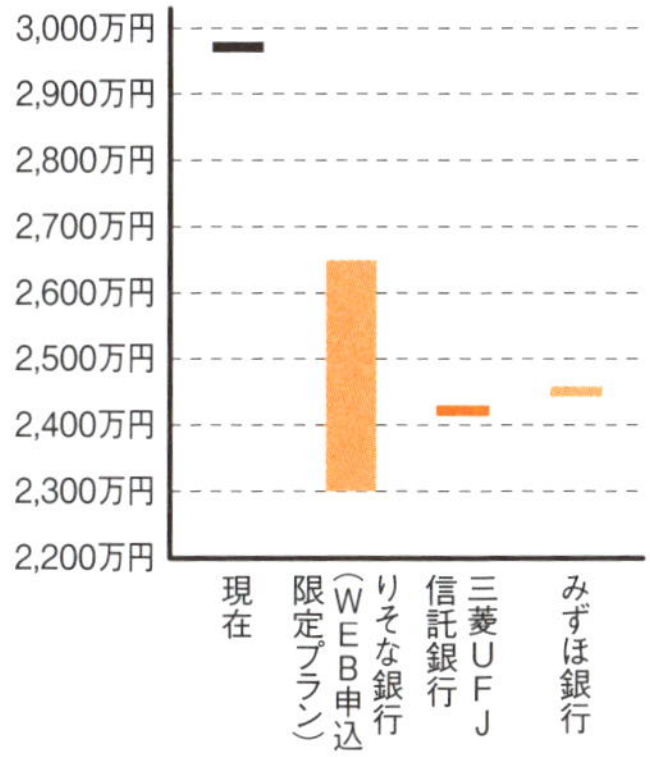

※上記グラフの幅は店頭金利が4%になった場合

オススメ

貯蓄がある人、固定期間終了後の残存期間が短い人向き

このように、金利上昇リスクを見える化することで、多少月々の返済額がアップしても支払いが可能な額であれば、安心してリスクを取ることができます。

全期間固定金利から固定期間選択型金利や変動金利への借り換えは、目に見えて月々の返済額が減るため魅力が大きいのですが、金利上昇リスクが生じるため、選択は慎重を期すべきです。

しかし、このご家庭のように「お子さんがすでに大きく、固定期間終了後の残存期間が短い、といった場合には、リスクがあってもそれに対処できる可能性が高いため、リスクテイクする選択肢があってもいいでしょう。

つまり、この借り換えパターンがおすすめなのは、「固定期間終了後の残存期間が短い」「将来の支払いのための月々貯蓄が安定的にできていて、金利が変動しても問題が起こりにくい」「これ以上、子どもが増える可能性がない」など、固定金利選択型のリスクを許容できる人です。

借り換えパターン③

リフォーム資金不足を借り換えで捻出したい

全期間固定▼10年固定　残存期間：14年＋リフォーム　残債：2250万円

Before&After

53万円おトク！＋150万円のリフォーム！

借り換え前

借入時期	2001年12月
金利タイプ	全期間固定
金利	4%
残存期間	14年
毎月返済額	【ボーナス払いなし】15万2772円
残債	2250万円
残債に対する総返済額	2671万円

借り換え後

借入時期	2017年7月
金利タイプ	10年固定
金利	0.89%（現在）▲1.6%優遇（固定期間終了後）
借入期間	14年
毎月返済額	【ボーナス払いなし】15万1994円
借入額	2400万円
総返済額(A)	2618万円
諸費用(B)	115万円
トータルコスト(A)＋(B)	2618万円

●借り換え候補の住宅ローン

		金利タイプ	返済年数	金利	毎月返済額	トータルコスト
現在		全期間固定	14年	4.000%	152,772円	2,671万円
候補1	楽天銀行	変動金利（固定特約付き）	14年	0.507%	151,717円 ▲1,055円	2,574万円 ▲97万円
候補2	三菱UFJ信託銀行	10年固定（当初固定期間引下型）	14年	0.610%	152,186円 ▲586円	2,597万円 ▲74万円
候補3	イオン銀行定額型	10年固定（当初固定金利特別金利プラン）	14年	0.890%	151,994円 ▲778円	2,618万円 ▲53万円

※上記は「現在」の金利水準が続いた場合のシミュレーション

家族構成

Cさん（61歳）会社員
妻（55歳）パート
※子ども2人は独立

ポイント

リフォーム費用を上乗せしても総返済額が減らせる！

一戸建ては建ててから10年ほど経過すると、リフォームが必要になってきます。マンションには修繕積立金がありますが、共用部のみが対象なので、居室内は自分で費用を用意しなければなりません。

このケースは築20年の物件ですので、100〜300万円ほどのリフォーム費用が必要です。しかし、貯蓄が400万円程度のため、リフォーム資金を支払ってしまうと、老後資金が厳しくなってしまいます。

こういう場合、金利の高いリフォームローンではなく、住宅ローンの借り換え時にリフォーム費用を上乗せすれば、手持ちの資金が減らないので安心です。

このケースではリフォーム費用150万円と諸費用を上乗せしてシミュレーションを行いました。上乗せ分があるものの、金利が下がる分、毎月返済額を減らすことが可能です。

変動金利だと借り換えメリットは大きいのですが、Cさんは定年退職後に再就職して2年目。大きなリスクを取りたくないとのことなので、10年固定金利を選択しました。

10年固定金利の候補のうち、より借り換えメリットの大きい三菱UFJ信託銀行は、勤続年数が短いと審査面で難しいため、イオン銀行定額型に決定。固定期間終了後の残存期間が4年と短いため、店頭金利が4%まで上昇しても、トータルコストが22万円増えるだけで済みます。

銀行によっては、フラット35のようにリフォーム資金を上乗せできないところや、りそな銀行のように金利が安くなる「web申込限定プラン」が使えないところなど対応が分かれるので、事前に確認を。

●金利上昇シミュレーション（毎月返済額）

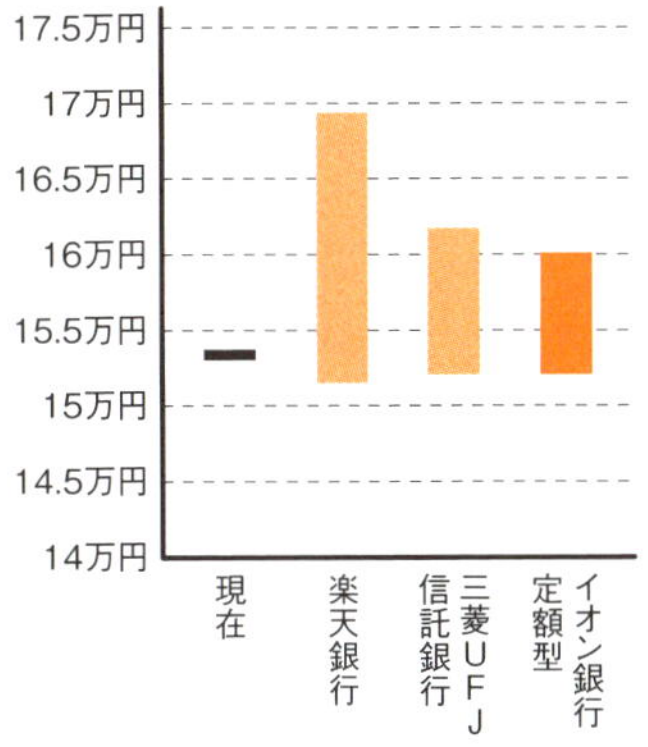

●金利上昇シミュレーション（トータルコスト）

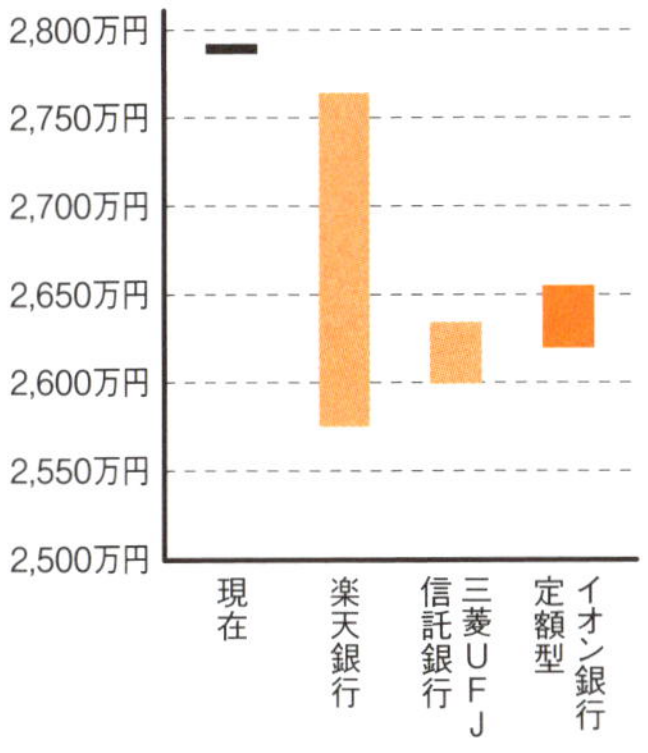

※上記グラフの幅は店頭金利が4%になった場合

オススメ リフォーム資金不足の人、年齢が高い人向き

このパターンがおすすめなのは、子どもの大学進学や定年退職などとリフォームのタイミングが重なり、リフォーム資金が不足している人。また、年齢が高い人です。年齢が高くなるほど新たにローンを組むことが難しくなるので、借り換えは大きなチャンスです。

借り換えパターン④

残存期間が長いので、リスクを減らしたい

5年固定▼30年固定　残存期間：約32年　残債：3253万円

129万円ソン！だけどリスクは減

Before&After

借り換え前

借入時期	2015年7月
金利タイプ	5年固定
金利	1.15%（現在） ▲1.4%優遇 （固定期間終了後）
残存期間	約32年
毎月返済額	【ボーナス払いなし】 9万8372円（現在）
残債	3253万円
残債に対する総返済額	3868万円

借り換え後

借入時期	2017年8月
金利タイプ	30年固定
金利	1.1%（現在） ▲1.4%優遇 （固定期間終了後）
借入期間	32年
毎月返済額	【ボーナス払いなし】 10万3223円（現在） 10万4836円 （2020年から）
借入額	3340万円
総返済額(A)	3844万円
諸費用(B)	152万円
トータルコスト(A)+(B)	3997万円

金利が4%になったら、571万円おトク！

●借り換え候補の住宅ローン

		金利タイプ	返済年数	金利	毎月返済額	トータルコスト
現在		5年固定	32年	1.150%	98,372円	3,868万円
候補1	三菱UFJ信託銀行	20年固定（当初固定期間引下型）	32年	1.040%	102,291円 +3,919円	3964万円 +96万円
候補2	三井住友信託銀行	31～35年（当初期間金利引下型）	32年	1.100%	103,223円 +4,851円	3,997万円 +129万円
候補3	みずほ銀行	全期間固定	32年	1.200%	105,039円 +6,667円	4,059万円 +191万円

※上記は「現在」の金利水準が続いた場合のシミュレーション

ポイント

現状だと129万円の損だが金利上昇なら571万円おトクに

残存期間が長いほど、金利が上昇したときのダメージは大きくなります。Dさんは、残存期間が約32年と長いにもかかわらず、金利上昇リスクの高い5年固定金利で借り入れていました。

固定期間終了後、変動金利に切り替わり、金利が4％まで上昇すると毎月返済額は約2万円、総返済額は約702万円もアップします。

今は「月2万円の振れ幅なら大丈

家族構成

Dさん（33歳）会社員
妻（33歳）専業主婦
長男（2歳）

夫」と感じるかもしれませんが、お子さんの成長にしたがって生活コストは上がり、教育費もかかります。

30年近い長期間にわたり、こうした金利上昇リスクを気にして過ごすのは避けたいと考えるなら、固定期間の長い金利タイプへの借り換えがおすすめです。

このケースでは、リスクとメリットのバランスを考え、少しでも金利の安い30年固定を選択しました。

ただし、長期固定金利が下がってきているとはいえ、5年固定金利との金利差はわずか。金利水準が現在のままだと129万円の損になってしまいますが、金利が4％まで上昇すれば571万円の借り換えメリットが出ます。

●金利上昇シミュレーション（毎月返済額）

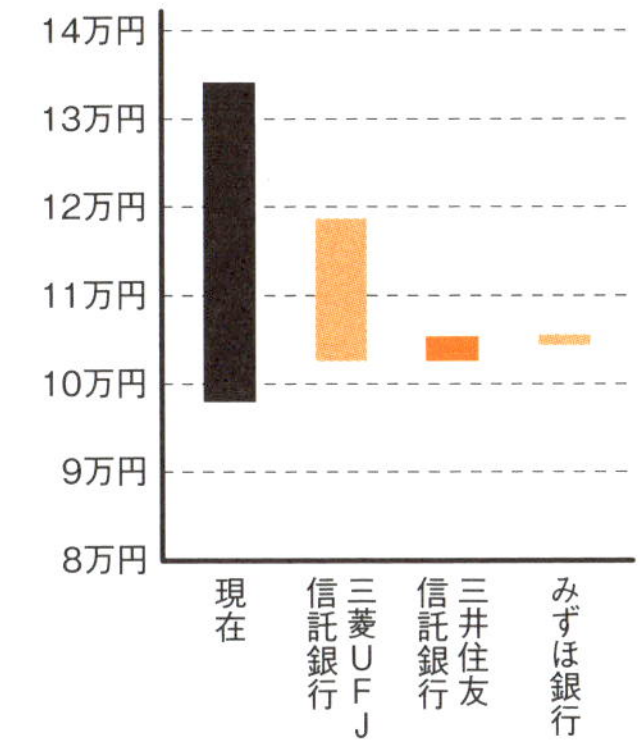

●金利上昇シミュレーション（トータルコスト）

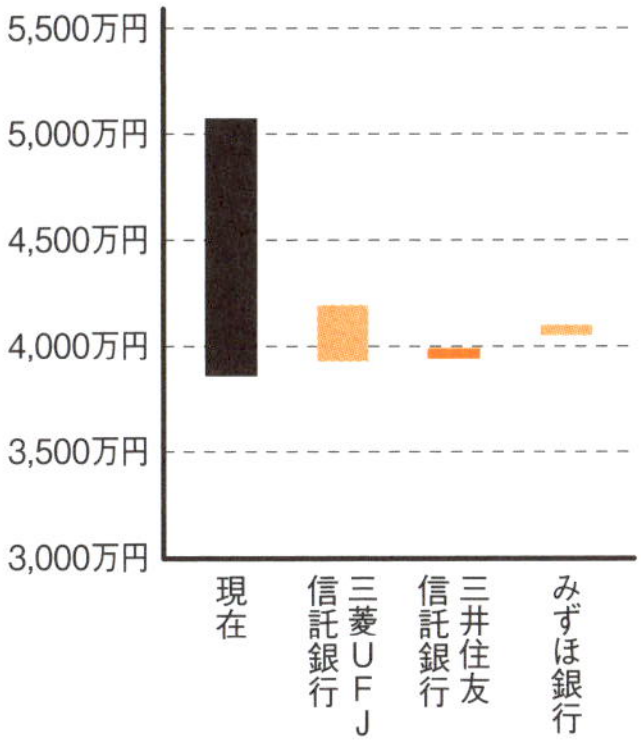

※上記グラフの幅は店頭金利が4％になった場合

オススメ 残存期間が長くリスク減を優先したい人向き

つまり、この借り換えパターンは、総返済額を大きく減らしたいというよりは、リスクを減らすことを優先したい人におすすめです。

金利が上がらなければ借り換えメリットが出ないため、「本当にやるべきなの？」と感じる人もいるかもしれません。

しかし、金利動向などをチェックし続けるのは、なかなか面倒なことです。

さらに、これから子どもが増える、転職する、共働きの妻が退職するなどの可能性があるなら、金利の振れ幅を許容できなくなるかもしれません。

今後のライフプランも併せて、「わが家は大きなリスクをとれない」と判断したら、コストよりリスクマネジメント優先の借り換えパターンもアリなのです。

借り換えパターン⑤

コストもリスクも少しずつ減らしたい

10年固定▼10年固定　残存期間：約25年　残債：3122万円

Before&After

452万円おトク！

借り換え前	
借入時期	2007年11月
金利タイプ	10年固定
金利	2.1%（現在） ▲0.4%優遇 （固定期間終了後）
残存期間	約25年
毎月返済額	【ボーナス払いなし】 13万4567円
残債	3122万円
残債に対する総返済額	4012万円

借り換え後	
借入時期	2017年8月
金利タイプ	10年固定
金利	0.7%（現在） ▲1.978%優遇 （固定期間終了後）
借入期間	23年
毎月返済額	【ボーナス払いなし】 11万7030円
借入額	3220万円
総返済額(A)	3418万円
諸費用(B)	141万円
トータルコスト(A)+(B)	3560万円

●借り換え候補の住宅ローン

		金利タイプ	返済年数	金利	毎月返済額	トータルコスト
現在		10年固定	25年	2.100%	134,567円	4,012万円
候補1	じぶん銀行	10年固定（当初期間引下プラン）	23年	0.590%	124,402円 +10,165円	3,586万円 +426万円
候補2	住信SBIネット銀行	10年固定（当初引下プラン）	23年	0.660%	127,340円 +7,227円	3,737万円 +275万円
候補3	りそな銀行（WEB申込限定プラン）	10年固定（当初型）	23年	0.700%	126,344円 +8,223円	3,560万円 +452万円

※上記は「現在」の金利水準が続いた場合のシミュレーション

ポイント

返済期間を短縮すれば総返済額が減らせる

10年固定金利の35年ローンで、残存期間25年ということは、固定金利期間が終了し、変動金利に切り替わる直前のタイミングです。

残存期間25年なら、本来は全期間固定金利への借り換えをおすすめしたいところです。

しかし、Eさんは10年固定金利への借り換えを選択しました。全期間固定より金利が安いため、金利上昇リスクをとっても問題がないと判断

家族構成

Eさん（45歳）会社員
妻（42歳）会社員
長女（12歳）
長男（10歳）

したからです。

また、10年固定金利から10年固定金利への借り換えでしたが、金利差が1・4%と意外に大きく、借入期間を多少短くしても、毎月返済額への影響は小さく抑えられます。そのため、2年短縮しましたが、それでも毎月返済額を約1万7000円減らすことができています。

ただし、10年固定は競争が激しく、銀行が表面的におトクに見えるさまざまな罠を仕掛けているため、選択は慎重に行う必要があります。

一見当初金利が低くても、固定期間終了後は金利優遇幅（店頭金利からいくら割り引くかを各銀行が独自に設定した優遇条件）が小さく、毎月返済額と総返済額が跳ね上がってしまうローンがあるからです。

最終的にEさんは、当初の金利はやや高くても、固定期間終了後の優遇が抜群のりそな銀行を選びました。

●金利上昇シミュレーション（毎月返済額）

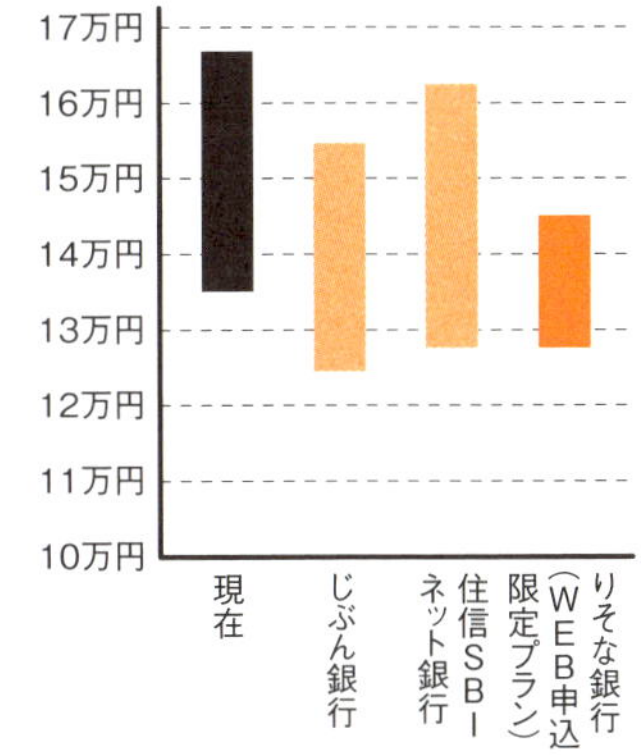

●金利上昇シミュレーション（トータルコスト）

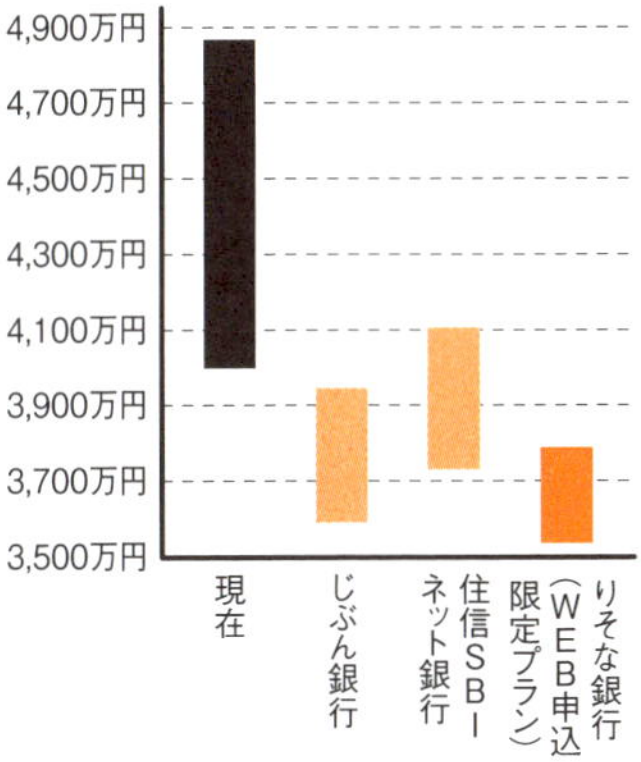

※上記グラフの幅は店頭金利が4%になった場合

オススメ

コストとリスクをバランスよく抑えたい人向き

この借り換えパターンがおすすめなのは、少しずつリスクもコストも減らしたい人です。

10年固定金利は、変動金利よりリスクを減らすことができますし、返済期間を短縮しても金利差があれば、月々の返済額への影響は小さく抑えられ、総返済額も抑えることが可能になります。同じ期間で借り換えるよりもグッとおトクです。

こうしたリスクを許容できる力は、収入や貯蓄額、家族構成などによって異なりますが、自分たちの状況に合わせてリスクをある程度取ることで、トータルコストを抑えることができるのです。

借り換えパターン⑥

金利リスクはある程度取ってもいいが、大きなリスクは避けたい

変動金利▼10年固定　残存期間：28年　残債：3120万円

家族構成

Fさん(42歳) 自営
妻(38歳) パート
長女(10歳)
長男(8歳)

Before&After

56万円おトク!

借り換え前

借入時期	2011年5月
金利タイプ	変動金利
金利	1.275%(現在) ▲1.2%優遇 (固定期間終了後)
残存期間	28年
毎月返済額	【ボーナス払いなし】 10万6301円
残債	3120万円
残債に対する総返済額	3657万円

借り換え後

借入時期	2017年8月
金利タイプ	10年固定
金利	0.7%(現在) ▲1.978%優遇 (固定期間終了後)
借入期間	28年
毎月返済額	【ボーナス払いなし】 10万5231円
借入額	3210万円
総返済額(A)	3456万円
諸費用(B)	149万円
トータルコスト(A)+(B)	3601万円

金利が4%になったら、442万円おトク!

●借り換え候補の住宅ローン

		金利タイプ	返済年数	金利	毎月返済額	トータルコスト
現在		変動金利	28年	1.275%	106,301円	3,657万円
候補1	楽天銀行	変動金利(固定特約付き)	28年	0.507%	101,539円 ▲4,762円	3,435万円 ▲222万円
候補2	りそな銀行(WEB申込限定プラン)	10年固定(当初型)	28年	0.700%	105,231円 ▲1,070円	3,601万円 ▲56万円
候補3	三菱UFJ信託銀行	20年固定(当初固定期間引下型)	28年	1.040%	109,817円 +3,516円	3,724万円 +67万円

※上記は「現在」の金利水準が続いた場合のシミュレーション

ポイント

金利上昇リスクの小さい10年固定なら変動より安全

変動金利で借りている人は、借り換えも変動金利を希望することが多いのですが、確かに超低金利の現在なら、変動→変動への借り換えでもじゅうぶんメリットが出ます。ただし、残存期間が28年と長いことから、気になるのはやはり金利上昇リスクです。

楽天銀行の変動金利0・507%に借り換えた場合、今の金利水準が続けばトータルコストで222万円

おトクですが、金利が4%まで上昇すると、288万円の損失が発生します。

そこで、今と同じ金利水準が続いた場合の変動金利ほどのメリットは出ないものの、リスクを減らせるりそな銀行の10年固定0・7%を選択しました。

なお、変動金利の場合、当初金利は大きく下がりますが、金利上昇時の振れ幅が大きく、毎月返済額が約1万8000円アップしてしまいます。10年固定、20年固定の場合は、金利上昇時に約1万円のアップとなりますが、当初金利については、10年固定の毎月返済額は今より安くなるものの、20年固定だと今より高くなってしまいます。

トータルコストを見ても、金利が今のまま推移した場合、20年固定にすると損失が発生してしまうので、リスクは減らせるとはいえ、勇気がなければなかなか20年固定は選択できません。

●金利上昇シミュレーション（毎月返済額）

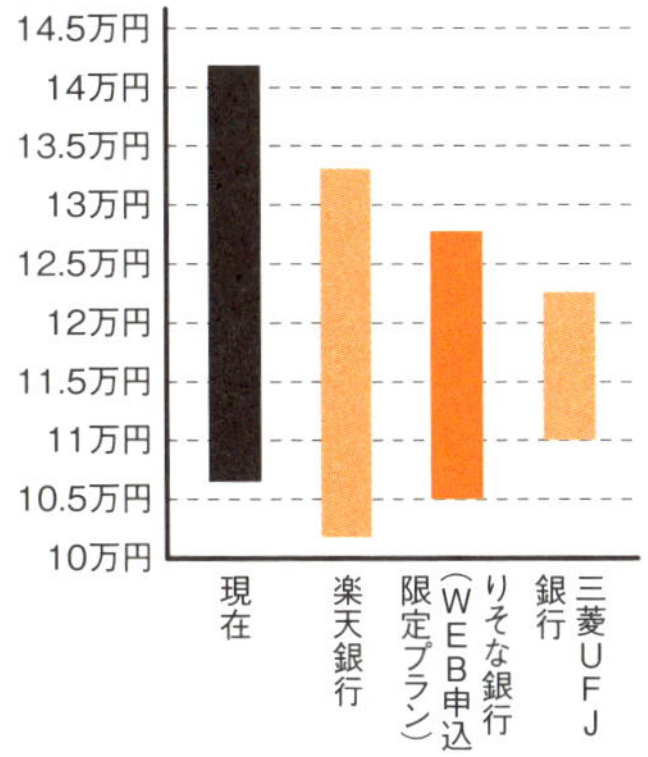

●金利上昇シミュレーション（トータルコスト）

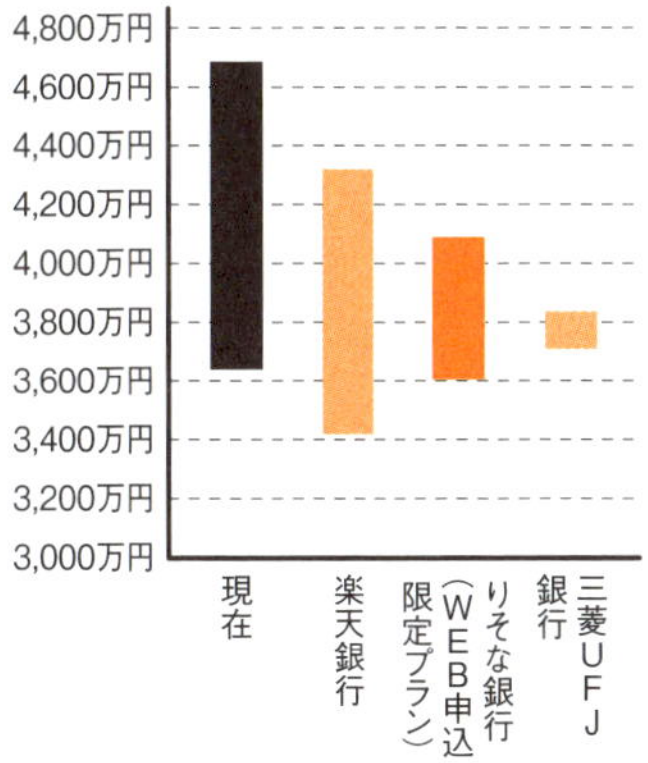

※上記グラフの幅は店頭金利が4%になった場合

オススメ

コスト削減とリスク軽減を同時に叶えたい欲張りな人向き

この借り換えパターンがおすすめなのは、金利リスクはある程度とってもよいと考えているが、家計に対して過大なリスクは避けるタイミングだと気づいている人です。

現在、10年固定金利はリスクがそれなりに低く、毎月返済と総返済額もしっかり下げることが可能です。

そういう意味で、コストの面でのメリットとリスク軽減を同時に追求したい、欲張りな人向きの借り換えパターンともいえます。

借り換えパターン⑦

とにかくリスクをゼロにしたい

変動金利▼全期間固定　残存期間：23年　残債：3103万円

家族構成

- Gさん（45歳）会社員
- 妻（45歳）パート
- 長男（16歳）
- 長女（11歳）

Before&After

37万円おトク！

借り換え**前**

借入時期	2005年11月
金利タイプ	変動金利
金利	1.375%
残存期間	23年
毎月返済額	【ボーナス払いなし】13万2043円
残債	3103万円
残債に対する総返済額	**3671**万円

借り換え**後**

借入時期	2017年8月
金利タイプ	全期間固定（フラット20）
金利	1.04%
借入期間	20年
毎月返済額	【ボーナス払いなし】14万5891円
借入額	3160万円
総返済額(A)	3439万円
諸費用(B)	195万円
トータルコスト(A)+(B)	**3634**万円

金利が4%になったら、396万円おトク！

●借り換え候補の住宅ローン

		金利タイプ	返済年数	金利	毎月返済額	トータルコスト
現在		変動金利	23年	1.375%	132,043円	3,671万円
候補1	みずほ銀行	全期間固定	20年	1.170%	131,635円 ▲408円	3,657万円 ▲14万円
候補2	優良住宅ローン	フラット35	20年	1.120%	129,924円 ▲2,119円	3,719万円 +48万円
候補3	優良住宅ローン	フラット20	20年	1.040%	145,891円 +13,848円	3,634万円 ▲37万円

※上記は「現在」の金利水準が続いた場合のシミュレーション

ポイント

リスクマネジメント優先の「勇気ある借り換え」

1・375％の変動金利から、1・04％の全期間固定に借り換えたパターンです。

金利は少し下がりますが、諸費用がかかり、借入期間を短縮した分、毎月返済額が当初から約1万3000円上回ってしまいますが、リスクは完全にゼロになります。

毎月の家計では、コスト的なメリットはゼロどころか足が出てしまいますが、残存期間が23年となっているところ、借入期間を20年に短縮。

さらに、金利の低いフラット20を選択することで、リスクとコストをトータルで削減することに成功しました。

もし、借り換えをせず変動金利のままだと、金利が4%まで上昇したとき、月々の返済額は約1・6万円、総返済額は約359万円もアップしてしまいます。

マイナス金利導入で全期間固定金利が変動金利並みに下がっている今、金利が上昇して数百万円もコストアップするリスクを考えれば、たとえ月々の返済額が増えたとしても、思い切ってリスクをゼロにする選択肢もあるのではないでしょうか。

確かに「勇気ある借り換え」ではありますが、ひと昔前なら全期間固定金利は2~3%が当たり前。それを考えると、これほど低金利で全期間固定金利に借り換えができるなら、大きな借り換えメリットが出なくてもトータルではじゅうぶんおトクであるともいえます。

●金利上昇シミュレーション（毎月返済額）

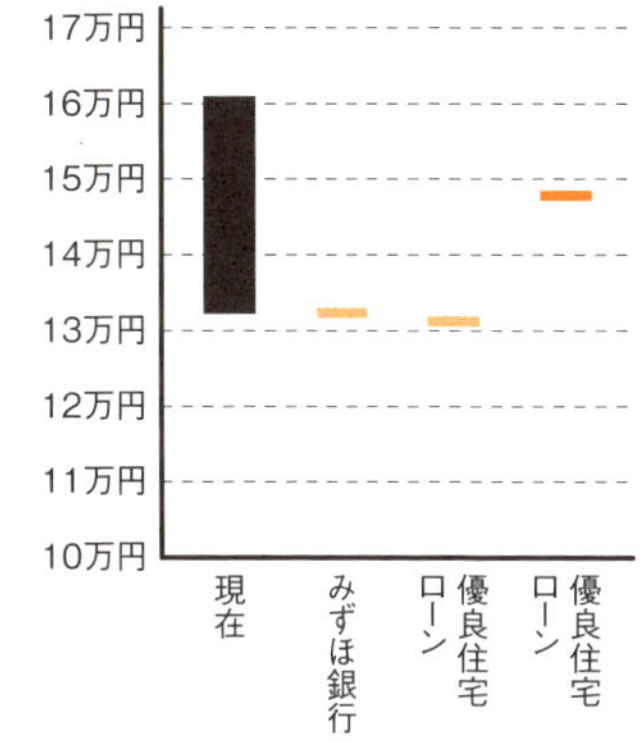

●金利上昇シミュレーション（トータルコスト）

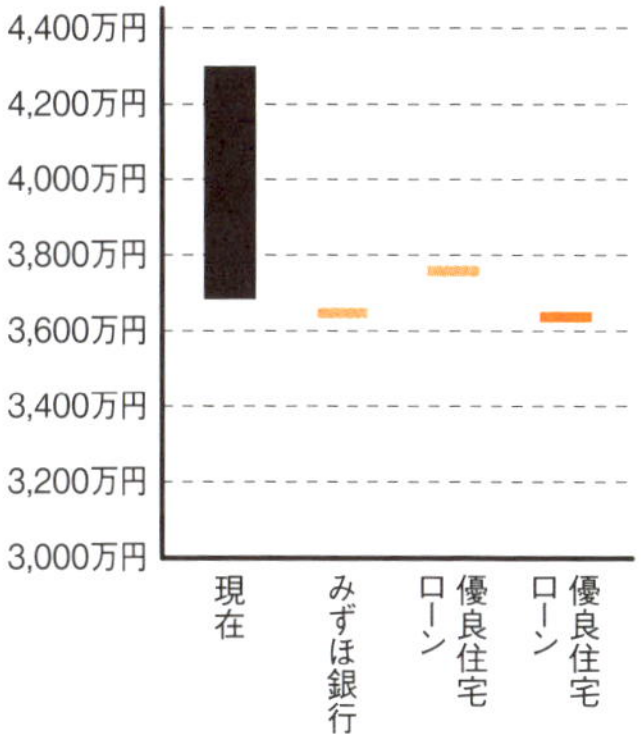

※上記グラフの幅は店頭金利が4%になった場合

オススメ リスク要因があるのに変動金利を借りている人向き

この借り換えパターンがおすすめなのは、リスク要因を抱えている人、金利上昇リスクをとりたくない人です。

今は超低金利が続いていますが、10年、20年先も今と同じ状況が続くとは限りません。

全期間固定金利が1%前後という異常な低金利である今のうちに、リスクをゼロにしておきましょう。

借り換えパターン⑧

家計が苦しいので、毎月返済額を減らしたい

全期間固定▼リバースモーゲージ　残存期間：8年　残債：1217万円

家族構成

Hさん(62歳) 会社員
妻(60歳) 専業主婦
※子ども1人は独立

毎月返済が約11万円ダウン！

Before&After

借り換え前	
借入時期	1991年4月
金利タイプ	全期間固定
金利	6.7%
残存期間	8年
毎月返済額	【ボーナス払いなし】13万5098円
残債	1217万円
残債に対する総返済額	1405万円

借り換え後	
借入時期	2017年8月
金利タイプ	変動金利型
金利	2.475%
借入期間	死亡時まで
毎月返済額	【ボーナス払いなし】2万5100円(利息のみ)
借入額	1210万円
総返済額(A)	未定
諸費用(B)	100万円
トータルコスト(A)+(B)	未定

※上記は「現在」の金利水準が続いた場合のシミュレーション

●借り換えでリバースモーゲージが利用できる銀行

	西武信用金庫	東京スター銀行
商品名	リバースモーゲージタイプローン(スターツ信託型)	充実人生(新型リバースモーゲージ)
金利タイプ	変動(基準金利+1%)	変動(基準金利+調整幅2.8%)
融資条件	申込時の年齢が原則満55歳以上80歳未満　他	申込本人が55歳以上、配偶者が50歳以上　他
資金使途	老後生活安定のため	使途は自由
借入金額上限	500万円以上1億円以内 ※担保評価額の70%以内	500万円以上1億円以内
特徴	・借り換え事例が多い。・マンション、収益物件も可	・預金連動型なので、金利を減らせる可能性あり ・マンションも可

※詳細は各銀行のHPを参照

ポイント

返済が金利分だけなのでキャッシュフローがラクになる

「役職定年や定年退職後の再就職による減収などで、住宅ローンの返済が厳しくなってきた」という場合には、借り換えで少しでも返済額を減らしたいという人もいるでしょう。

そんなときは、リバースモーゲージ型の住宅ローンに借り換えるというのも一つの手です。

銀行ごとに融資条件はさまざまですが、申込時の年齢が55歳以上や65歳以上などの人が自宅に住みながら、

自宅を担保にお金を借り入れ、金利分だけを毎月返済すればＯＫ、というのが一般的です。

元本の返済は、一定期間後、あるいは契約者または契約者夫婦2人が死亡したあと、銀行が自宅を売却して現金化し、そのお金で借入金を清算することで行われます。

融資限度額は自宅の不動産評価額の40~80%程度です。

これまでは、月に数万円~数十万円の資金を受け取る「年金型」が主流でした。

しかし、最近では銀行がリバースモーゲージに力を入れ始めており、枠内で自由に借入額を設定できる「枠内自由引出型」や、リフォーム費用など目的の決まったお金を借りる「目的特定型」など、使い勝手のいいタイプも登場しています。

このケースでも、西武信用金庫「リバースモーゲージタイプローン（スターツ信託型）」に借り換えたことで、返済が金利部分の約2万5000円だけになり、キャッシュフローは格段にラクになりました。

ただし、このケースのように借り換えに対応できる銀行はまだまだ少ないので、事前に確認が必要です。

さらに、リバースモーゲージには次のようなさまざまな注意点があるので、融資条件をよくチェックしておきましょう。

・担保物件は担保価値の高い大都市圏などに限られる。
・金利が上昇すると返済額が上がる。
・不動産価格の下落幅が大きく、借入残高を下回ると、全額または差額分を銀行に返済しなければならない。
・マンションは利用できる銀行が限られる。
・長生きすると早い段階で融資限度額に達してしまう。

オススメ 住宅ローンの返済が厳しくなっている人向き

役職定年や転職による減収などで、月々の住宅ローンの返済が辛く、キャッシュフローをラクにしたいという人におすすめです。

一方で、相続でもめる可能性のある場合にはおすすめできません。

また、基本的に同居家族は配偶者のみ認められるので、子どもと同居している人は利用できません。

借り換えパターン⑨

変動と固定のいいとこ取りをしたい

ミックス▼ミックス
平均残存期間：19年　残債：2594万円

家族構成

- Iさん(46歳) 会社員
- 妻(46歳) 会社員
- 長女(10歳)
- 長男(8歳)

Before&After

530万円おトク!

	借り換え前		借り換え後
借入時期	2004年4月	借入時期	2017年8月
金利タイプ	夫：全期間固定 妻：変動金利	金利タイプ	夫：20年固定 妻：5年固定
金利	夫：2.89% 妻：1.375%	金利	夫：1.05%(現在) ▲1.4%優遇 (固定期間終了後) 妻：0.45%(現在) ▲1.7%優遇 (固定期間終了後)
残存期間	夫：約22年 妻：約7年	借入期間	夫：約22年 妻：約7年
毎月返済額	【ボーナス払いなし】 夫：11万3621円 妻：4万7681円	毎月返済額	【ボーナス払いなし】 夫：9万5911円 妻：4万6626円
残債	夫：2217万円 妻：377万円	借入額	夫：2260万円 妻：390万円
		総返済額(A)	夫：2457万円 妻：355万円
		諸費用(B)	145万円
残債に対する総返済額	夫：**3115**万円 妻：**405**万円	トータルコスト(A)+(B)	夫：**2564**万円 妻：**426**万円

●借り換え候補の住宅ローン

		金利タイプ	返済年数	金利	毎月返済額	トータルコスト
現在		夫：全期間固定 妻：変動	夫：22年 妻：　7年	夫：2.890% 妻：1.375%	夫：113,621円 妻：　47,681円	夫：3,115万円 妻：　405万円
候補1	三菱UFJ信託銀行	夫：10年固定 妻：　5年固定 (いずれも当初固定期間引下型)	夫：22年 妻：　7年	夫：0.610% 妻：0.300%	夫：91,500円 ▲22,121円 妻：46,923円 ▲758円	夫：2,485万円 ▲630万円 妻：　424万円 +19万円
候補2	三菱UFJ信託銀行	夫：20年固定 妻：　5年固定 (いずれも当初固定期間引下型)	夫：22年 妻：　7年	夫：1.240% 妻：0.500%	夫：96,557円 ▲17,064円 妻：47,255円 ▲456円	夫：2,576万円 ▲539万円 妻：　424万円 +19万円
候補3	三井住友信託銀行	夫：20年固定 妻：　5年固定 (いずれも当初期間金利引下)	夫：22年 妻：　7年	夫：1.050% 妻：0.450%	夫：95,911円 ▲17,710円 妻：46,626円 ▲1,055円	夫：2,564万円 ▲551万円 妻：　426万円 +21万円

※上記は「現在」の金利水準が続いた場合のシミュレーション

ポイント

リスクは変わらないが コストを確実に削減できる

ミックス金利は、固定金利と変動金利、異なる金利タイプを組み合わせたもの。共働きなら、Iさんご夫婦のように、1つの銀行で2つのローンを独立して組むことも可能です。「当初の毎月返済額を抑えられる変動金利、金利上昇時の負担増を抑えられる固定金利のいいとこ取りができる」として、取り扱う銀行が増えています。

今回は、最初の借り入れ時点で、全期間固定を選んだ夫は35年、変動金利を選んだ妻は20年と、金利タイプだけでなく借入期間も変えていました。これは、金利リスクのある変動部分は早めに返済し、その後、固定金利の分だけが残っても、リスクはなく、返済負担も軽くすることを狙いとしたものです。そこで、借り換えにあたっても、その意図を反映しました。

●金利上昇シミュレーション（毎月返済額）

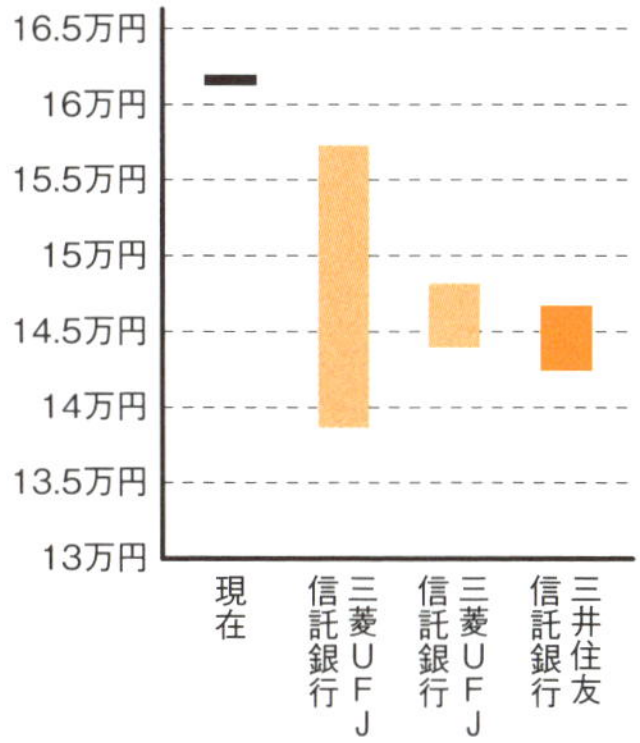

●金利上昇シミュレーション（トータルコスト）

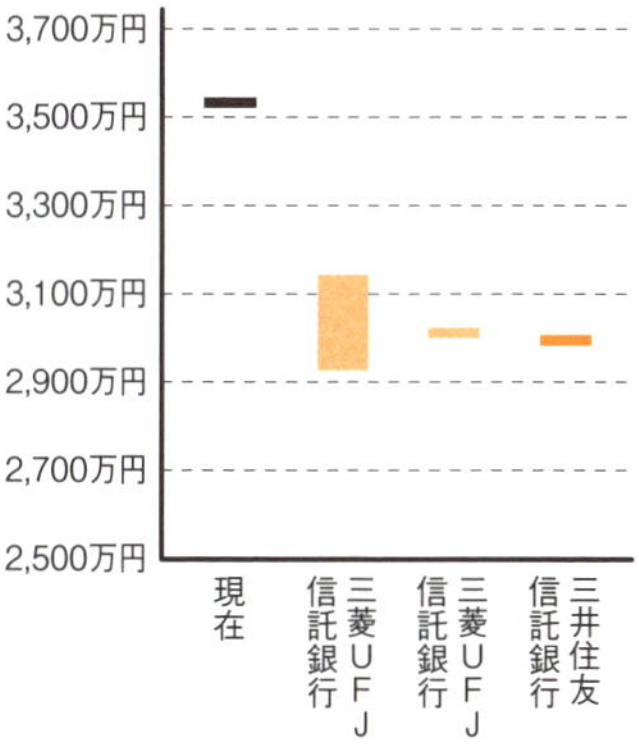

※上記グラフの幅は店頭金利が4%になった場合

オススメ

今は家計に余裕があるが 将来の返済に不安がある人向き

この借り換えパターンは、目先の20年ほどはキャッシュフローが潤沢であるものの、定年退職などでそれ以降の返済が不安な人に向きです。

この場合、当初は夫婦合わせて月々約14万円のローン返済がありますが、7年後には夫の固定部分だけの約9万5000円を月々返済すればよくなり、月約4万6000円も支払いを減らすことができます。

ただし、マイナス金利導入後は変動金利と固定金利の金利差が小さくなり、固定金利単独で借り換えても十分借り換えメリットが得られる例もあることを覚えておきましょう。

借り換えパターン⑩

手元に現金を残して将来の安心を手に入れたい

元金均等の全期間固定▼元利均等の全期間固定　平均残存期間：26年　残債：2228万円

家族構成

Jさん(41歳) 自営
妻(40歳) パート
長女(13歳)
長男(10歳)

379万円おトク!

Before&After

借り換え前

借入時期	2008年9月
金利タイプ	全期間固定
金利	2.76%
残存期間	26年
毎月返済額	【ボーナス払いなし】12万2654円（元金均等返済）
残債	2228万円
残債に対する総返済額	3030万円

借り換え後

借入時期	2017年7月
金利タイプ	全期間固定
金利	1.09%
借入期間	26年
毎月返済額	【ボーナス払いなし】8万4984円（元利均等返済）
借入額	2308万円
総返済額(A)	2571万円
諸費用(B)	80万円
トータルコスト(A)+(B)	2651万円

●借り換え候補の住宅ローン

		金利タイプ	返済年数	金利	毎月返済額	トータルコスト
現在		全期間固定（元金均等）	26年	2.760%	112,654円	3,030万円
候補1	フラット35	全期間固定（元金均等）	25年	1.090%	94,938円 ▲17,716円	2,636万円 ▲394万円
候補2	フラット35	全期間固定（元利均等）	26年	1.090%	84,984円 ▲27,670円	2,651万円 ▲379万円

※上記は「現在」の金利水準が続いた場合のシミュレーション

ポイント

コスト削減だけが能じゃない手元に現金を残すのも重要

住宅ローンを返済するとき、毎月の返済額が一定の「元利均等返済」と、毎月の返済額のうち元金が一定の「元金均等返済」のいずれかを選ぶことになります。

「元利均等返済」は返済額（元金＋利息）が一定のため、返済計画が立てやすい半面、最初は返済額に占める利息の割合が多いため元本の減りが遅く、同じ返済期間なら「元金均等返済」より総返済額が多くなります。

それに対し「元金均等返済」は、返済額に占める元金の割合が一定なので、返済が進めば返済額は少なくなっていきます。

「元利均等返済」より元金の減りが早いため、同じ返済期間なら総返済額は少なくなりますが、当初の返済負担が重く、借入時に必要な収入も多くなります。

このケースだと、借り換え前の住宅ローンは、リスクをゼロにしながらも、総返済額を抑えようと「元金均等返済」を選んでいます。

そのため、借り換えも「元金均等返済」でと考えていましたが、Jさんの貯蓄額は約700万円とのことでした。

決して貯蓄が少なすぎるというわけではありませんが、「人生の3大支出」といわれる教育費、家の修繕費、老後資金という額の大きな支出に対し、十分な備えがあるとはいえないと判断し、「元利均等返済」の全期間固定への借り換えを提案しました。

オススメ

人生の3大支出への備えが十分でない人向き

この借り換えパターンがおすすめなのは、将来の大きな支出に対し、まだ準備が十分にできていない人です。

仮に金利が4％なら、総返済額が膨らんで、教育費や老後資金を食いつぶしてしまうので「元金均等返済」を選ぶメリットがあります。

しかし、低金利の今は「元金均等返済」と「元利均等返済」の総返済額の差は、わずか22万円しかありません。

これなら、無理して総返済額を減らすより、まずは手元に現金を残して貯蓄を増やしていったほうが、はるかにメリットが大きいといえます。

コストを減らすことはもちろん大切です。とはいうものの、このケースを見てもわかるように、どちらの返済方法を選ぶかは「コスト（総返済額）」と「手元に現金が残らないリスク」の兼ね合いで変わってきます。

コストだけに目を向けず、家計全体で住宅ローンを考える視点を持つと、家族全員が幸せになる借り換えが可能になります。

CHECK!

ひと目でわかる「借り換え用語」

借り換えのハードルが高く見える原因の一つには、用語のわかりづらさがあります。本文でも随時お話ししていきますが、下記に紛らわしい用語を整理しました。

▶店頭金利／店頭表示金利／基準金利

いずれも各銀行が金利タイプごとに定めている住宅ローンの基準となる金利のこと。ローン商品の「定価」にあたる。金利動向等によって、返済中に金利が変わる可能性がある。

▶優遇幅○%／−○%優遇／引き下げ幅

実際に貸し出す際に、店頭金利から何パーセント割り引くかを示す。優遇幅○%〜○%と表示されている場合、引き下げの金利が人によって違うということ。契約内容によって、将来優遇幅が小さくなることはあっても、金利動向等によって変わることはない。

▶表面金利／適用金利／優遇金利／キャンペーン金利／借入金利

いずれも「店頭金利」から「優遇幅」を引いた実際に借り入れる際に適用される金利のこと。「割り引き後の実売価格」にあたる。

▶当初適用金利／当初優遇金利

途中で優遇幅が小さくなる（＝金利が上がる）商品における、当初の表面金利のこと。

▶実質金利

住宅ローンを借りることで生じる「諸費用」や「団体信用生命保険料」「固定期間終了後の金利上昇分」などのコストを金利換算して、「表面金利」にプラスした金利のこと。

▶総返済額とトータルコスト（総支払額）

「総返済額」は完済までに必要な元金と利息の合計。「トータルコスト」は総返済額に諸費用や団体信用生命保険料などを加えたもので、「実質金利」とほぼ同義。

▶事務手数料（融資手数料）と保証料

「事務手数料」は融資の手間賃。定額制と定率制がある。「保証料」は保証会社に保証人になってもらう費用。一括払いと金利上乗せの商品がある。保証会社のつかない「保証料無料」の銀行もあるが、そのぶん審査は厳しく、事務手数料が高くなりがち。

第2章

千載一隅のチャンス！

今、
借り換えるべき
3つの理由

2-1

新常識
①

借り換えを拒む3つの「思い込み」とは？

「常識」が変わったことに気づかないと損をする！

「マイナス金利の導入で、住宅ローンは史上空前の低金利。今、借り換えるとトクらしい」

こう知識として知っているからこそ、あなたは本書を手に取ってくださったのだと思います。

しかし、なぜ興味はあるのに、借り換えを実行に移していないのでしょうか。

それは、

「すでに金利が安い住宅ローンを借りているから大丈夫」

「手続きが面倒そう。忙しいからいいや」

「手数料がかかるんだから、そこまでトクじゃないでしょ？」

という思い込みがあるからです。

でも、これらは大きな間違いです。**あなたが住宅ローンを借りた数年前とは、状況が一変している**からです。

では、なぜ間違っているのか。その理由をお話ししていきましょう。

思い込み①「すでに金利の安いローンを借りている」

数年前でも変動金利や固定期間選択型の金利はそれなりに安かったため、こう感じている人は多いかもしれません。

ただし、それはただの思い込みにすぎません。

たとえば、みずほ銀行の2007年7月の変動金利（最優遇金利適用後）は1・625％でした。当時は、35年固定金利が2・961％と変動金利のほうが圧倒的にトクだったため、金利上昇リスクにおびえながらも、総返済額を抑えるために変動金利を選択した人が多かったのです。

ところが、今は変動金利が0・6%まで下がっているばかりか、35年固定金利が1・18%と、**固定金利が当時の変動金利とほぼ同じ**になっているのです。10年固定においては、変動金利より低い金利をつけている銀行もあるほどです。

マイナス金利によって世の中が大きく変わり、低金利の変動金利を選んだ人でさえ、借り換えによって大きなメリットを得られる時代になったのです。

このチャンスを逃さない手はありません！

思い込み②「手続きが面倒そう。忙しいからいいや」

かつてマイホームを購入した際、「とにかく住宅ローンは手続きが面倒で大変！」と記憶している人が多いことでしょう。

必要書類を揃えるために何度も役所に通ったり、膨大な書類に何度も同じ内容を記入したり、平日に会社を休んで銀行に足を運んだり……。

過去の苦い経験から、借り換えはトクだとはわかっていても、忙しいからとついつい後回しにしてしまう気持ちもわかります。

しかし、近年はインターネットバンキングによる「来店不要」の事前審査申込が当たり前となり、**住宅ローンにまつわる手続きは劇的に簡単**になっています。なかには、一度も店舗に出向かずに借り換えできてしまう銀行もあるほどです。

事前審査に必要な書類はスキャンして送信すれば済むため、仕事が終わって帰宅した後、深夜でも作業できるのです。

10年前より金利はこんなに下がっている!!

	変動金利	10年固定金利	35年固定金利
現在 (2017年7月)	0.600%	0.825%	1.18%
10年前 (2007年7月)	1.625%	2.35%	2.961%

今の35年固定は10年前の変動金利より低金利!

※金利はみずほ銀行のもの

また、借り換えを成功させるには、複数の金融機関に申し込む必要があるのですが（これについては第5章で詳しくお話しします）、これもインターネットバンキングだからこそ可能なことです。

なお、書類記入の手間も確実に少なくなっています。

三菱東京ＵＦＪ銀行では、本人確認のために店舗に出向く必要はあるものの、名刺、免許証、健康保険証などを提出すれば、これらの情報をスキャンしてデータ化し、書類記入の手間を大幅に省力化するという取り組みを先行して行っています。**自分の手を使って書くのは、日付、住所、氏名くらい**のもの。ひと昔前、書類と格闘したのがウソのようです。

他のメガバンクも追随する動きがあるため、今後、常識になっていく可能性が高いでしょう。

ただ一つ、マイナンバー制度が定着するまでは、印鑑証明書や住民税課税証明書などの書類を取りに行く手間は、どうしても省けません。

ただし、**家族に代わりに行ってもらうこともできますし、費用はかかりますが、司法書士などに頼む**こともできます。もちろん、私のような住宅ローンの専門家に依頼するのも選択肢の一つです。**わずかな出費を惜しみ、数百万円、ときには１０００万円超の借り換えメリットを失うのは、あまりにもバカげて**います。

「手続きが面倒」「忙しいから無理」というのは、もはや過去の話。書類さえ集めてしまえば、インターネットでサクッと手続きできる時代が到来しているのだと、どうか頭を切り替えてください。

思い込み③「手数料が高いから借り換えのメリットは小さい」

借り換えには、確かに数十万円～１００万円程度の手数料がかかります。

でも、その点だけを見て、借り換えでもたらされるメリットなんてたいしたことはないと、判断するのは間違いです。

たとえば、残債３０００万円、残りの返済期間が30年の場合、金利差１％で５００万円もの借り換えメリットが生じます。

この場合なら、たとえ手数料を１００万円払っても、４００万円のプラスになります。

１００万円が惜しいからといって借り換えないのは、目の前に落ちている４００万円を拾わないようなもの。あり得ないことです。

これが金利差0・1%ならどうでしょうか。借り換えメリットは10分の1の50万円に減りますから、手数料の100万円を払ってまでやる必要はない、と言うことができます。

つまり、**手数料を支払って借り換えをするかどうかは、金利次第。最優先で検討すべきは金利であって、手数料ではない**のです。わずか0・数パーセントの金利差で、メリットが生まれるかどうかが決まってくるのです。

どうですか？　こうした住宅ローンについての誤った思い込みを改め、現在の〝常識〟を正しく理解することが、借り換え成功への第一歩となるのです。

「手数料がもったいない」ってホント？

残債3000万円、
残りの返済期間30年の場合

手数料が高い！

金利差0.1% ▶ 50万円 － 100万円 ＝ ▲50万円

現在のローンと借り換え後の金利差	借り換えメリット	手数料	おトクになる額

金利差1% ▶ 500万円 － 100万円 ＝ 400万円

でも、金利差が大きければこんなにおトク！

POINT

手数料に惑わされてはダメ！　最優先で考えるべきは金利です。
低金利で借り換えメリットが大きければ、
高い手数料を払っても十分おトク！

2-2

新常識②

借り換えをしないと家計破綻の可能性が倍増

今なら「コスト」と「リスク」を同時に下げられる

「借り換えをしたほうがトクなことはわかった。でも、借り換えなくたって死ぬわけじゃないよね」と思っていませんか？

その認識、もしかしたらちょっと甘いかもしれません。

借り換えの目的は、単に**「総返済額を減らす＝コストを下げる」**ことだけではありません。トクをする、節約になるのはもちろん大事ですが、借り換えにはもう一つ、**「金利上昇リスクを下げる」**というきわめて重要な目的もあるのです。

住宅ローンに限らず、人が何かを選択する際には、常に「コスト」と「リスク」の問題がつきまといます。

たとえば、保険。保障が手厚い保険を選びたいけれど、手厚いものほど、掛金が高額になって家計を圧迫します。かといって、掛金は安いけれど、実際にケガや入院をしたときなどに、ろくに使えない保障内容では意味がありません。

だからこそ、コストを抑えながらも、過不足なくリスクに備えられるよう、ちょうどいい落としどころを探し当てる必要があるのです。

住宅ローンについても同じです。必ずコストとリスクの二律背反の状況に悩まされます。前項でも触れたように、数年前は固定金利と変動金利の金利差が大きかったため、コスト重視でリスクを取り、変動金利や固定期間選択型を選ぶ人が多数派でした。

ところが、2016年にマイナス金利が導入され、今までの常識を覆すような超低金利時代に突入した現在の金利はどうでしょうか。フラット35の35年固定金利は17年7月現在、1・09％、みずほ銀行の変動金利は0・6％となっています。両者の金利差は0・5％程度で、他の銀行も似たような水準です。いまや、あえてリスクの高い変動金利を選ぶ理由がない、といえるところまできています。

つまり、**全期間固定金利を選んでも、リスクだけでなくコストも同時に下げられる、千載一遇のチャンスがまさに今**なのです。

「損得」と「生死」、重視するのはどっち？

一方で、「とはいえ、変動金利が金利の低さではナンバーワンだから、やっぱり変動に借り換えたい」「全期間固定とそう金利が変わらないなら、変動のままでもいいよね？」と思う人もいるかもしれません。

もちろん、残債や残りの返済期間などによって、一人ひとりベストな金利タイプは異なりますし、毎月金利をチェックして、リスクをコントロールできる力がある人なら、変動金利でも問題ありません。

ただし、**金利上昇リスクをなめてはいけません。バブル時代は変動金利が8％台**をつけたこともあります。**今の超低金利は「異例中の異例」**であって、20年、30年と借りている間に金利が上がらないという保証はどこにもありません。

残債3000万円、残りの返済期間が30年の場合、1％金利が上がれば総返済額が500万円も膨らみます。月にならすと約1万4千万円です。今の家計から、この1万4千円を余分に捻出できますか？　仮に捻出できたとしても、教育費や老後資金、リフォーム資金に回せる貯金は貯められそうでしょうか？

会社は潰れてもやり直しが利きますが、家計はそうはいきません。家計が立ち行かなくなれば、最悪の場合、子どもを高校や大学に通わせられなくなるかもしれません。事が起きてからでは、遅いのです。

住宅ローン選びのゴールは、「安い金利を選ぶこと」ではなく、「家を買い、家族と幸せに安心して暮らすこと」のはずです。

「損得」と家計の「生死」なら、誰もが家計の生き残りを優先するはずです。安全でコストもまずまずの商品があるのに、少しおトク度が勝るからと、一家離散のリスクがある商品をあえて選ぶ必要があるのか。慎重に考えたいところです。

2-3

新常識
③

マイナス金利の「今」を逃すと、チャンスはもう二度と訪れない！

この異常な低金利は「ミスプライス」

これまで「マイナス金利は住宅ローン借り換えの好機」と繰り返してきましたが、そもそもなぜ「今」を逃してはいけないのでしょうか。

「そんなこと知らなくても、おトクに借り換えさえできればいいのに」と思ったあなたは、ここは読み飛ばし、第3章に進んでいただいてかまいません。

このページを読んでいただきたいのは、ここまで読み進めても、**「まあ、借り換えがトクで簡単になっていることはわかったけれど、まだ本気でやろうという気にはなれない」**という方です。

そんなあなたには、マイナス金利がいかに異例中の異例なのか、そして、なぜこの借り換えチャンスがもう二度とやってこないであろう千載一遇のチャンスなのかを知っていただきたいと思います。

マイナス金利というのは、予算が許せば金色の文字で強調したいくらい、天と地がひっくり返るほどの異常事態なのです。

株式市場には、**ミスプライス**という**値段のつけ間違い**がときどき起こります。

何らかのミスで、株価を本来価格よりも安い値段をつけてしまっても、投資家が取引を申し込んでしまえば無効にはできません。

しかし、こうしたミスプライスは目端の利く投資家が見つけるので、標準的な水準に是正されていくのがふつうです。

現在のマイナス金利は、このミスプライスのようなもの。その理由は後述しますが、**あくまで一時的なも**

のであり、永遠に続くわけではありません。

　この機会を逃してしまえば、数年後に「あのとき借り換えていたら、３００万円トクできたのに……」と後悔することになる可能性大なのです。

　だからこそ、絶対にこの借り換えチャンスを逃すべきではありません。

　このタイミングで借り換えなければ、損することを肌身で実感していただくためにも、もう少し「なぜ今の状況が異常なのか」についてお話しさせてください。

黒田バズーカの炸裂で2回もあり得ない金利低下が！

　みなさんもご存知のとおり、マイナス金利導入前から日本は、**「金利を下げれば景気が良くなる」**という原理原則にのっとってゼロ金利政策を導入。超低金利時代に突入していました。

　しかし、思ったほど景気が上向いてきません。そこで、日本銀行の黒田総裁は、デフレ脱却や景気刺激を目指し、「黒田バズーカ」と呼ばれる金融緩和策を発動してきました。

バズーカは大きく2種類に分けられます。

一つは、２０１３年と２０１４年に2段階で行われた「量的・質的金融緩和」。2年で2％の物価上昇を目標に、それまでの2倍の量となる国債の大量購入が始まりました。

　金利はすでに低金利で打つ手がないため、日銀が大量の国債や金融商品を買い入れ、市場にお金を出回らせようとしたのです。

　ぜひ知っておいてほしいことなのですが、住宅ローンの長期固定金利は、国債の価格（金利）と連動しています。少々専門的な話ですが、「国債の価格が上がれば金利は下落」「国債価格が下がれば金利は上昇」というのが国債の価格と金利の関係です。

　国債が多く買われると需要と供給の関係から国債の価格が上がるため、「これ以上は下がりようがない」と考えられていた住宅ローン金利がさらに下がったのです。

　たとえば、フラット35（借り入れ21年～30年）の金利は、黒田バズーカ以前の２０１３年1月には１・９９％でした。それが、２０１４年12月には１・５６％まで下がりました。

　黒田バズーカによって株価が一時的に上昇して景況感が改善したものの長続きせず、「日銀に手持ちのカードは残っているのか？」という疑念が募る中、最後の切り札としてもう

過去11年の「フラット35」金利推移

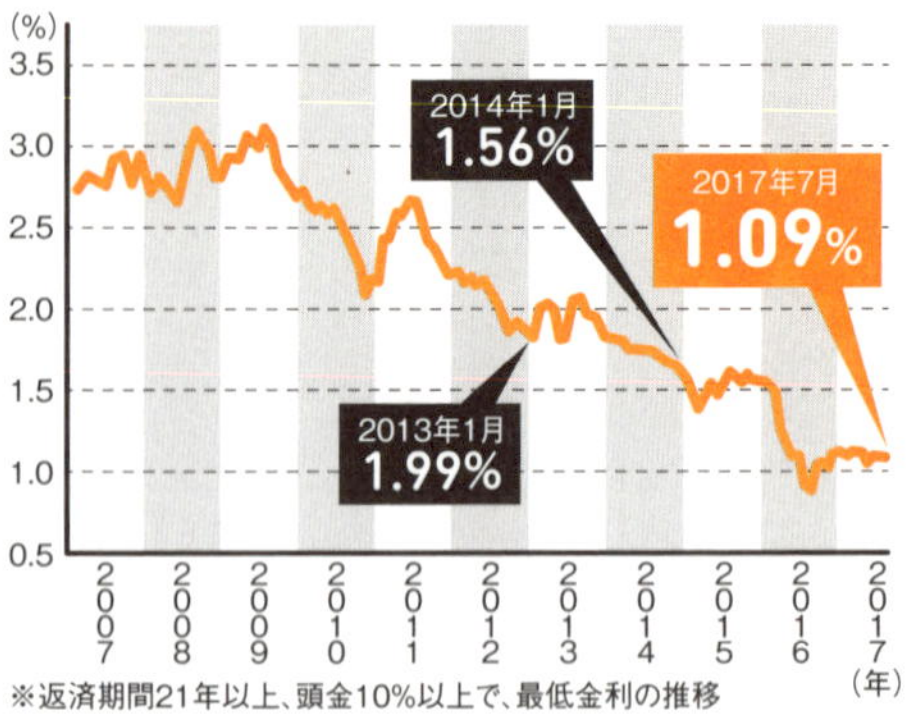

※返済期間21年以上、頭金10%以上で、最低金利の推移

一つのバズーカが発動されました。

それが、2016年2月に導入された**「マイナス金利付き量的・質的金融緩和」**、いわゆる**マイナス金利**です。

ふつうは、お金を借りる側が利息を払いますが、マイナス金利ではその立場が逆転。お金を貸す側が利息を払うという、**あり得ない実験的な試み**に手を出したのです。

マイナス金利は個人の預金には適用されず、銀行が日銀に預けるお金が対象です。日銀に預けていると、銀行は利子を日銀に支払わなくてはなりません。それなら日銀に預けるよりも、企業へ貸し出して金利収入を得たり、他の投資に回したり、という動きになるわけです。

マイナス金利の効果は想像以上に強力で、ただでさえ低かった金利はさらに低下。これは、住宅ローン市場に史上まれに見る恩恵をもたらしました。

先に発動された第一弾の黒田バズーカで1・56%まで下がっていたフラット35（借り入れ21年〜30年）の金利は、マイナス金利導入後の2016年8月にはついに0・9%まで下落。過去最低金利を記録したのです。

こんなに金利が下がっているのはなぜ？

この低金利は、銀行が国債を買いあさり、それを日銀が買い取っていることで成り立っています。なぜそんなことが起きるのでしょうか。

いま、いくら金利が低いといっても必要以上にお金を借りようとする会社は多くありません。銀行としても、貸し倒れの危険性がある会社にお金を貸すよりも、日銀が必ず買い取ってくれる国債を買う方がリスクなしで儲けることができるのです。

今は銀行がこぞって国債を買いあさる債券バブルの様相を呈していますから、それに伴い金利が限界まで下がっているのです。

2-4
新常識④

変動金利の住宅ローン放置はこんなに危険！

マイナス金利政策は崩壊する？ しない？

前項で、黒田バズーカとか、債券バブルとか、長々説明しました。なぜそんな話をしたのかといえば、**これらの動静が特に変動金利で住宅ローンを借りている人の運命を変えてしまう**かもしれないからです。「超低金利だから、借り換えがおトク」という話で終わらないのです。

というのも、マイナス金利が続く中、このまま日銀が本当に年間80兆円もの国債を買い取り続けていけるのか疑問だからです。

日銀は「日銀にお金を預けたら手数料を取る」と銀行に言って、日銀に預けるお金の額を制限し始めました。これまで銀行から預かったお金で国債を買ってきましたが、今後、どこから資金を調達するつもりなのでしょうか？

もし日銀が資金不足に陥り、「国債買い取りはやめた」と宣言したら、どんなことが起こるのか、考えるだけでも恐ろしいことです。

今、銀行が国債を買っているのは、日銀が必ず買い取ってくれるからです。その裏付けがなくなれば、リスクを嫌う銀行は一斉に国債から手を引く可能性があります。

そうなれば、債券バブルの崩壊です。

今は金融政策で強制的に金利を低く抑えつけている状態です。だからこそ、債券バブルが弾けた途端タガが外れ、ピョンと金利が跳ねる可能性があるのです。

たとえ1％でも金利が上がれば、銀行や保険会社、年金などに、計り知れないダメージが出ることは必至です。

「金利が上がり始めたら借り換える」がダメな理由

「じゃあ、金利が上がり始めたところで変動から固定に切り替えればいいじゃないか」と思う人もいるかもしれません。

しかし、固定金利は変動金利に先駆けて上昇するのがこれまでの傾向です。

そのため、**変動金利で住宅ローンを借りていて、「金利が上がり始めたから固定に借り換えよう」と思ったときには、すでに固定金利は大幅に上昇してしまっている**のです。

なぜこうしたことが起こるのかといえば、変動金利と固定金利は、金利が決まるしくみが違うからです。

変動金利は基本的に銀行の「短期プライムレート」という貸し出しの基準となる金利をもとに決められます。短期プライムレートの金利は日銀の政策金利をもとに、各銀行が独自に決めています。

「短期」と聞くと金利が頻繁に変わるイメージがありますが、ここ数年はずっと1・475％（2017年7月現在）のままです。

それに対し、固定金利は10年国債などの長期金利を参考に決められます。長期金利は国債の需給バランスによって、日々変動しています。

より将来の経済情勢に敏感に反応するのは固定金利です。

そのため、変動金利が上がり始めたと気づいてから借り換えようとしても時すでに遅し。固定金利がすでに上昇してしまっている可能性があるのです。

金利上昇のタイミングは誰にも予想できない

「それなら、金利上昇のタイミングを見極めればいいじゃないか！　専門家ならそれを教えてよ」

お答えできるものなら、お答えしたいところですが、残念ながら、それは誰にもわかりません。

金利が上がるか、下がるかについては、さまざまな要因が絡むため、予測が本当に難しいのです。

よく「景気が上がれば、資金需要が増えて、住宅ローン金利も上がる」といわれていますが、そんな単純なものではないのです。

「住宅ローン金利は景気と連動して上がることもあれば、そうでないこともある」と考えるのが正解です。

ただ一つ言えるのは、**20年も30年**

民間金融機関の住宅ローン金利の推移（変動金利等）

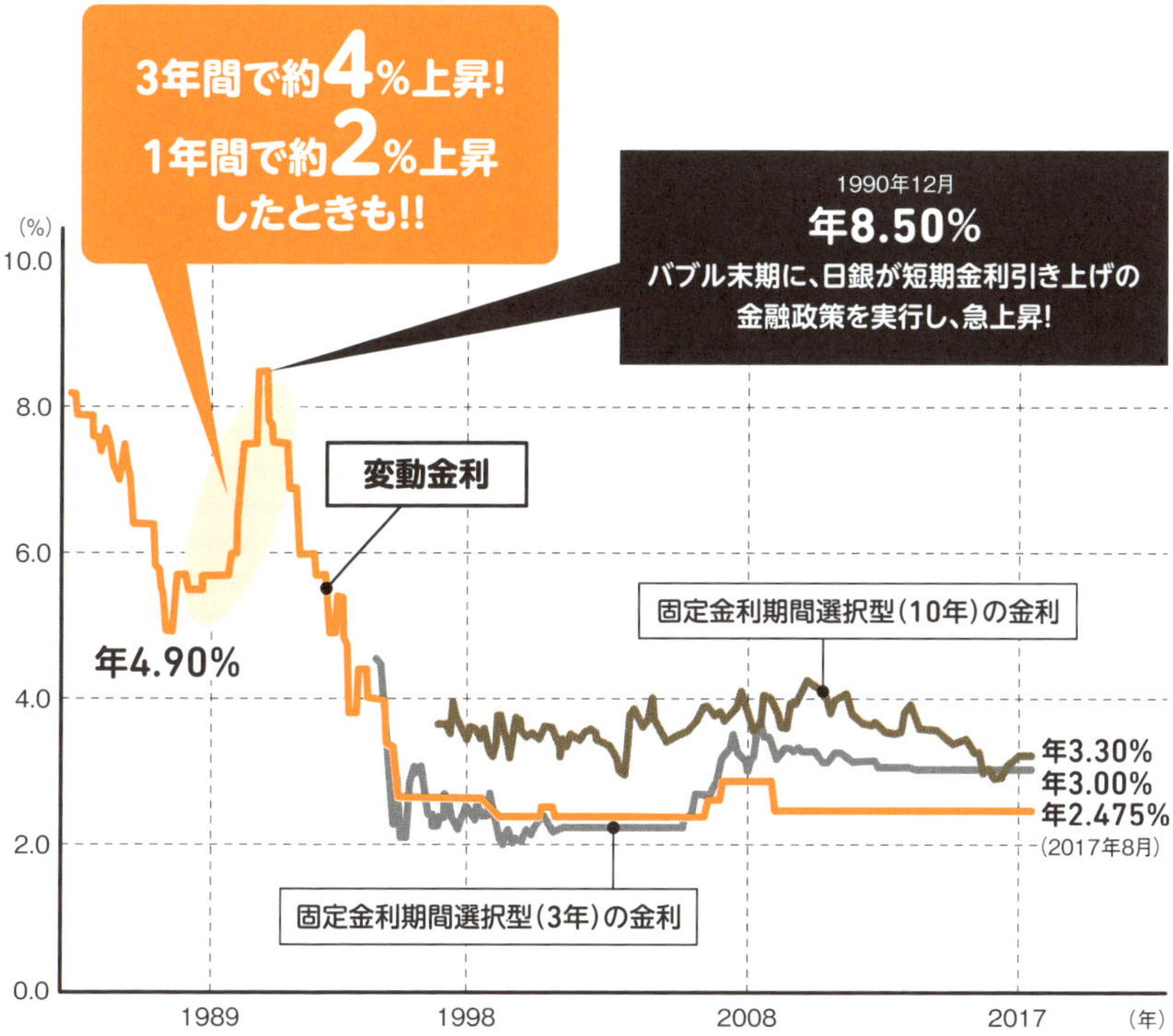

※主要都市銀行のHP等により集計した金利（中央値）を掲載。なお、「変動金利」は昭和59年以降、「固定金利期間選択型（3年）の金利」は平成7年以降、「固定金利期間選択型（10年）の金利」は平成9年以降のデータを掲載。（出自：住宅金融支援機構）

も低金利が続きっぱなしという例は、過去にもほとんどないということ。

今は異常事態が起きて金利が下がっているだけです。上のグラフを見れば、どれほどの異常さかよくわかると思います。

「金利は上がらない」という思い込みは危険です。いつかは上がると考えておくべきでしょう。

CHECK!

住宅ローンの破綻率はどれくらい？

住宅ローンの破綻率については、全体を俯瞰できるデータはありませんが、住宅金融支援機構の平成28年「リスク管理債権の状況」によると、同機構の債権（すなわち中心はフラット35）の破綻率は0.30%、3カ月以上延滞している債権も含めると1.89%、さらに貸出条件緩和債権も加えると、4.52%となっています。

つまり、100人4人は返済トラブルを抱えていることになります。

2-5
借り替えるべき理由①

金利は底を打つも、銀行間の競争激化で低金利続行中！

金利引き下げ競争で借り換え希望者には有利

これまで「超低金利！　だから借り換えすべき‼」と力説してきましたが、じつは住宅ローン金利は2016年8月に底を打ち、0・2％程度ではありますが一時期より上がっています。

「え⁉　じゃあ、今までの説明は何だったの？」とイラっとしたあなた、安心してください。

底を打ったとはいえ、各銀行がし烈な金利引き下げ競争を繰り広げているおかげで、数年前と比べれば異常な超低金利はまだまだ続いていいます。

これが、絶対に今、借り換えしなければならない一つめの理由です。

金利が上昇したのは日銀の金融政策変更のため

そもそも、なぜ金利が少し上がったのでしょうか。

マイナス金利導入後、住宅ローンを借りている私たちには神風が吹きましたが、一方でほとほと困り果てている人たちも出てきました。

その代表が、長い間安定的な収益を期待できる長期国債を運用し、安定的に収益を得ていた銀行や生保・損保、年金基金などです。

あまりに運用益が減ってしまい、クレームが殺到したと思われ、日銀は2016年9月にまたも金融政策を変更しました。

10年以内の国債金利に限っては、現状の水準を維持するという金融政策を導入したのです。

これを受けて、10年超の金利は、住宅ローン金利も含め上昇モードに転じたのです。

銀行が頭を抱えるほどの低金利を見逃すな！

とはいえ、一時期より金利は微増しているものの、まだまだ住宅ローンの超低金利は続いています。

主要銀行のマイナス金利導入後の10年固定金利の推移

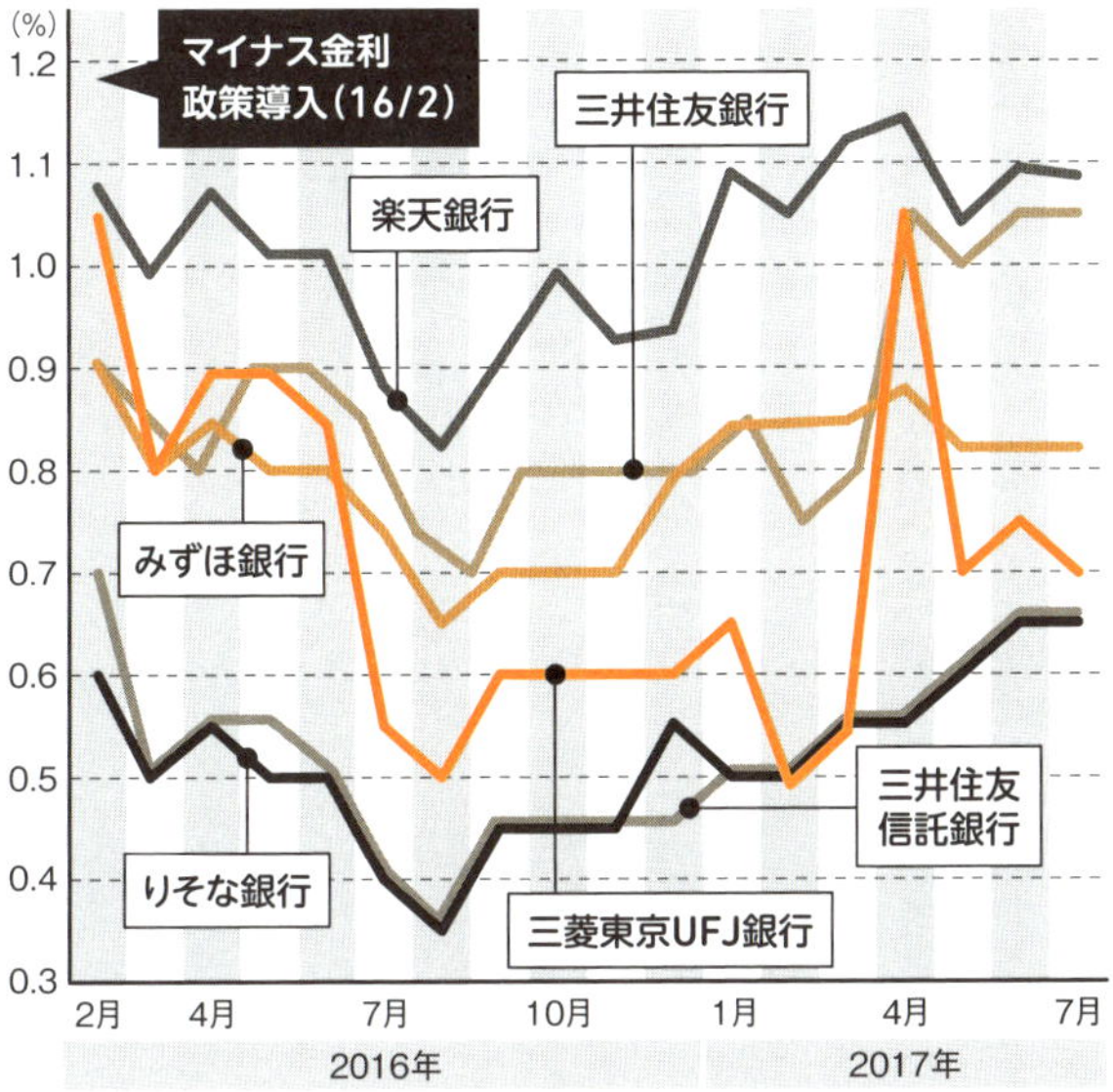

企業への貸付が伸び悩んでいる銀行にとって、住宅ローンは重要な収益源。それだけにライバルに負けることは許されません。

「他行が金利を下げたならうちも負けられない！」とパニックに陥り、慌てて他行に追随した結果、46ページでお話しした「ミスプライス」をうっかりつけてしまったのです。

銀行にしてみれば「住宅ローンはしっかり売りたい。でも、なんでこんなに低い金利をつけてしまったんだ……」と、きっと後悔するでしょう。**低すぎる金利に頭を抱える**はずです。

住宅ローンには営業経費や団体信用生命保険料、デフォルトコストなどのコストがかかり、どんなに経営努力をしても1・0％程度は必要だといわれています。変動金利0・6％という銀行では、売れれば売れるほど0・4％の損が出るのです。これがいかに異常なことか、おわかりいただけると思います。

銀行同士の意地の張り合いで金利はどんどん低下！

金利の引き下げ競争が始まったのは、マイナス金利政策が導入された2016年2月以降です。主要な銀行が2月、3月からこぞって金利を下げました。

たとえば、りそな銀行は10年固定金利0・60％↓0・50％、楽天銀行は同じく10年固定金利1・074％↓0・990％に引き下げ。

また、三井住友信託銀行においては、10年固定0・70％↓0・50％と大幅な引き下げを行いました。

このようにして、抜きつ抜かれつの金利引き下げ競争の火ぶたが切って落とされたのです。

前ページのグラフは、マイナス金利導入後、各銀行の10年固定金利の動きを追ったものです。これを見るとわかるように、三菱東京UFJ銀行は金利の上下が激しくなっています。

これは三菱東京UFJ銀行の気持ちの揺れと連動している、というのが私の見立てです（笑）。

「先月は頑張ってライバルに勝ったからそこまで金利を下げなくてもいいや。ああ、でも今月は他行に客が流れてしまった。また金利を下げなくちゃ」という三菱の心の動きがこのグラフの動きに表れているのです。

ネット銀行は安く見える「トラップ」を仕掛けている！

では、ネット銀行は、この金利引き下げ競争にどう参戦しているのでしょうか。

誤解を恐れずにいえば、「トラップ（罠）」を仕掛け、急増している借り換え需要を取り込もうとしています。

ネット銀行というと「金利が安い！」というイメージがあるのではないでしょうか。

たとえば住信SBIネット銀行の「ミスター住宅論REAL」は10年固定金利0・61％と、確かに魅力的な金利です。すべてのケガや病気に対応する全疾病保障が無料で付帯しており、見るからにおトクな雰囲気が漂っています。

しかし、これには**カラクリがあり、「金利が安い！」と飛びついてしまうのはあまりに危険**です。それについては、91、98ページで解説していますので、参考にしてください。

もちろん、ローンの残債が少なく、返済期間が10年前後の人には魅力的なローンですが、表面的な金利の安さだけに注目してしまうと、痛い目を見ることもある、と覚えておきましょう。

敏感な人たちはすでに借り換え済み！

繰り返しになりますが、このミスプライスの状態は永遠には続きません。

じつは、金利動向に敏感な人たちは、マイナス金利が導入されてすぐ、借り換えを済ませています。

NHK NEWS WEBの記事(2016年3月16日)によれば、ソニー銀行では、前月の2月に10年固定金利を0・1%下げ、年0・915%(最優遇金利の場合)にしたところ、2月の借り換え申し込み件数は、前年同月比37%増を記録したといいます。

おトクな借り換え列車は、すでに出発していますが、臨時列車が増発され、まだまだチャンスは残っています。

ぜひ、臨時列車に飛び乗ってこの千載一遇のチャンスをつかんでください。

主要銀行の住宅ローン金利推移（借り換え）

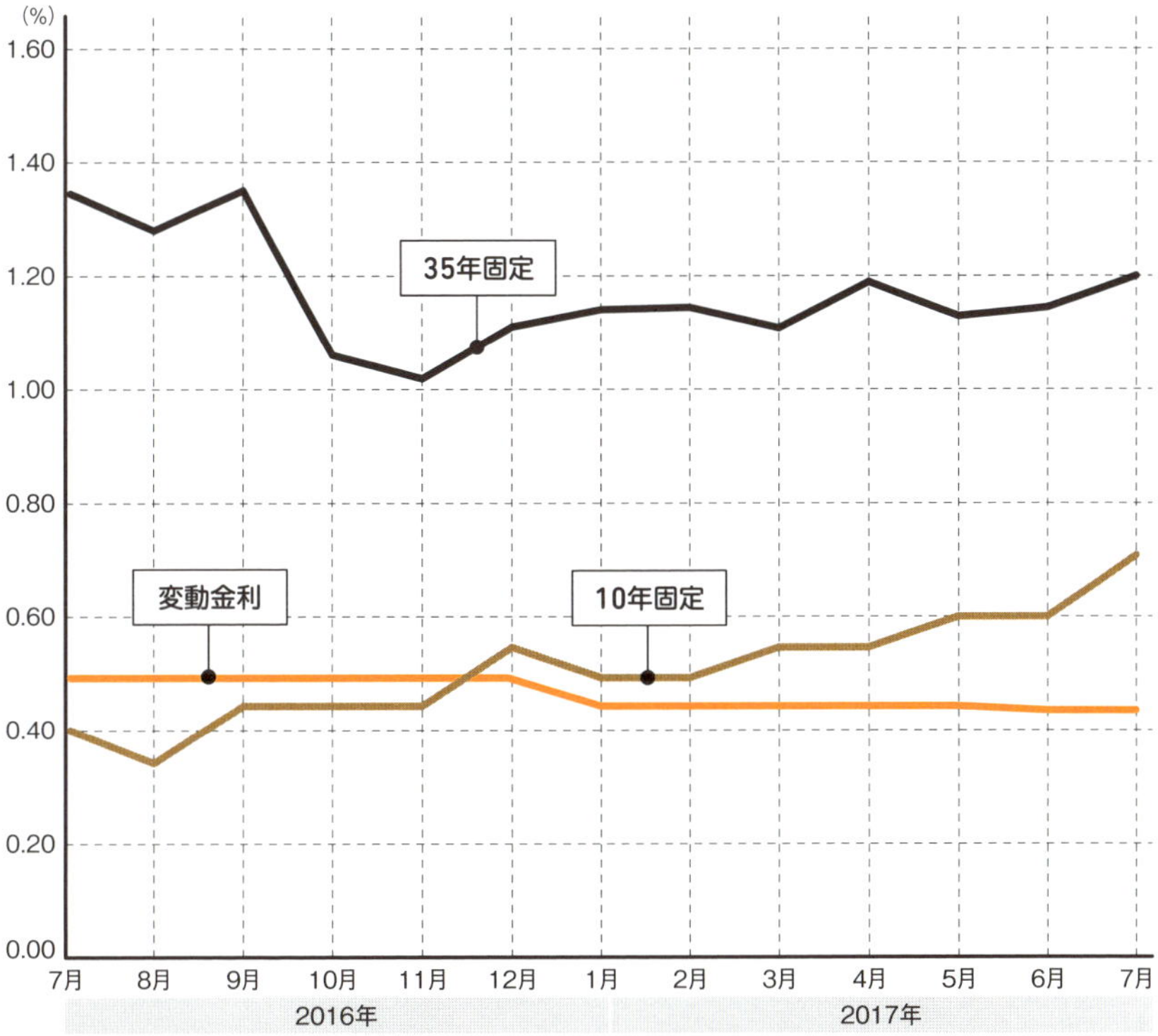

※変動金利は住信SBIネット銀行「当初引き下げプラン」、10年固定はりそな銀行「WEB申込限定・当初型」、35年固定はみずほ銀行「全期間固定プラン・ネット」

2-6

借り替えるべき理由②

マイナス金利のメリットを生かす唯一の方法が借り換え

マイナス金利の副作用が私たちの「将来」を直撃！

これまでは、「住宅ローンを借りている人にとっては、大きな借り換えメリットが出る」というマイナス金利のプラスの面を中心にお話ししてきました。

しかし、歴史上初めての実験的な試みであるマイナス金利には、大きな副作用があります。

それが、52ページでさらりと触れた**「長期国債を運用し、安定的に収益を得ていた銀行や生保・損保などがマイナス金利によって困っている」**という点です。

これらは私たちの暮らしと無関係ではありません。

マイナス金利のせいで、貸出の金利も下がり、株や国債の運用利回りもマイナスになりました。利ざやが小さくなって銀行は青息吐息です。

本来なら、顧客の預金金利もマイナスにすべきですが、どうにか今は踏みとどまっています。でも、口座を維持するために手数料が徴収される日も、そう遠くないかもしれません。

では、保険はどうでしょうか。

すでに加入している生命保険等は「変額保険」でない限り、契約時の保険料や受取額が原則として保持されます。

ところが、新たに加入する保険――特に運用性や貯蓄性の高い一時払い終身保険や年金保険、学資保険には影響が出やすく、なかには販売停止となったものや、値上がりしたものもあります。

多額の資金を国債で運用している保険会社が破綻すれば、将来の受取額や保険料などに影響が出る可能性も否定できません。

さらに心配なのが、約4割を国債で運用している私たちの年金積立金です。運用利回りが低下すれば、将来の受取額などへの影響は必至といえます。

「財産」へのマイナス作用を借り換えのプラス作用で相殺

こんな重大な事実がありながら、暴動は起きていません。なぜなら、これらはすべて「今すぐ家計に影響が出るもの」ではなく、「後からじわじわ家計にのしかかってくるもの」だからです。

来月から年金が3万円減るとなれば大騒ぎですが、「数十年後に影響が出るかも」と言われただけでは、実感がわきません。

だから、恐ろしいのです。

家計で、預金、保険、年金は私たちの「財産」です。

マイナス金利は「財産」にじわじわダメージを与えます。しかも、下記の図のように、自動的にマイナスされてしまうため、どうあがいても避けることは難しい種類のものです。

しかし、住宅ローンだけは借り換えによって、マイナス金利からメリットを享受できます。借り換えは、低金利のメリットを生かす、唯一の方法なのです。**ただし、自ら動かないと、そのメリットは手にできません。**

このように借り換えをしないことは、現状維持のプラスマイナスゼロではなく、将来的には確実にマイナスになってしまいます。だからこそ、「今」借り換えを絶対に実行すべきなのです。

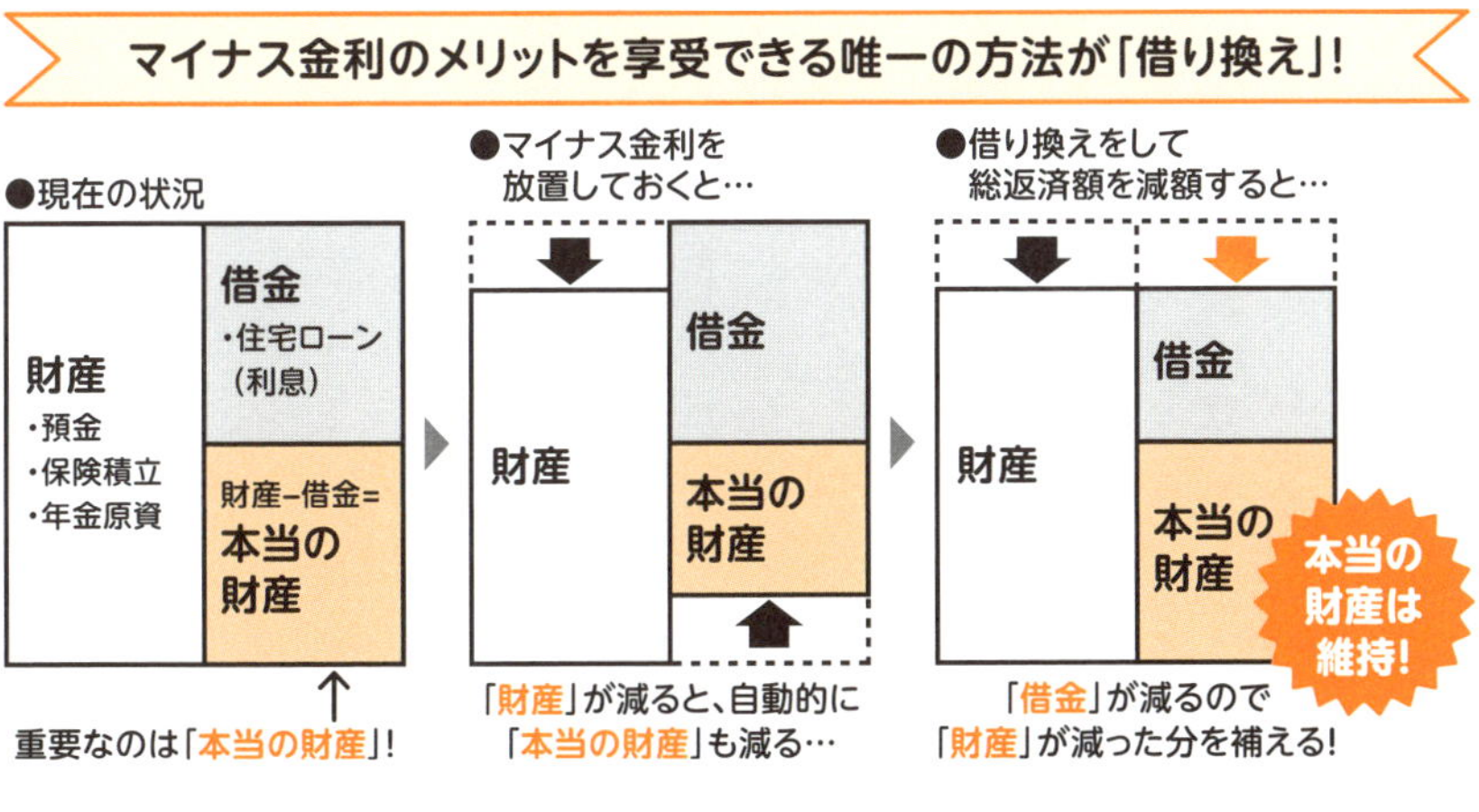
マイナス金利のメリットを享受できる唯一の方法が「借り換え」!
●現在の状況
財産
・預金
・保険積立
・年金原資
借金
・住宅ローン
(利息)
財産−借金=
本当の
財産
重要なのは「本当の財産」!
●マイナス金利を
放置しておくと…
財産
借金
本当の
財産
「財産」が減ると、自動的に
「本当の財産」も減る…
●借り換えをして
総返済額を減額すると…
財産
借金
本当の
財産
本当の
財産は
維持!
「借金」が減るので
「財産」が減った分を補える!

2-7

借り替えるべき理由③

借り換えによるコストダウンが家計や老後を大きく改善

住宅ローンは教育費や老後資金を補う「隠れ貯金」

あなたは、借り換えで浮いたお金で、何をしようと思っていますか？

「思わぬ臨時収入だから、新車を買っちゃおうかな」

「海外旅行に行こう」

こんな考え方は、即刻改めていただかなくてはいけません。臨時収入と考えていいのは、教育費やリフォーム費用、老後資金などをきっちり完璧に毎月貯金しているご家庭だけです。

もし、当てはまらない方がいたら申し訳ないのですが、私の日々の相談業務を通じての実感としては、**「お金が足りない」ご家庭がほとんど**です。

それも仕方がありません。だって、あまりに家が高すぎるのですから！

あるとき、5000万円の家を買い、2000万円の残債がある方が、借り換えの相談に訪れました。「息子は今、高校1年生。あと2年で大学に行くんです」とのこと。ところが、「貯金は200万円しかない」と言うのです。

私大なら文系でも4年間で、600万円を用意するのが一般的。一人暮らしをする場合は、必要額が倍増します。圧倒的に足りません。

リフォーム費用も同様です。

リフォームが必要になるのは、ちょうど子どもの高校や大学への進学時期と重なることが多いもの。なかなか思うように貯金できないのが現実です。

しかし、もし借り換えをすればどうでしょうか？

400万円の借り換えメリットが出れば、教育費やリフォーム費用に回すことが可能になります。

お金が不足気味のご家庭にとって、借り換えは「隠れ貯金」。「低金利の今、絶対にやらなければいけないこと」なのです。

借り換えは時間を味方につけ家計を改善するチャンス

さらに、額が大きいだけに、早くから準備しておく必要があるのが「老後資金」です。とはいうものの、住宅ローンを返済している真っ最中のご家庭では、老後資金のことまで頭が回らないのではないでしょうか。

しかも、預金、年金、保険といった老後への備えの利回りが軒並み低下。思うように積み上がっていかないという二重苦です。

先日、朝の情報番組を見ていたら、**「老後資金は最低でも夫婦で2000万円必要」**と言っていました。

2000万円を全額貯金で準備するとなると、いつから貯め始めればいいのでしょうか？

正解は「今すぐ」です。

あなたが今45歳、65歳定年だと仮定し、**60歳から貯め始めるとすると、2000万円÷60カ月（5年間）=約33万円**

なんと**月に33万円**も貯金しなくてはなりません。

55歳からでも、約16万円とまだまだ高額。それが、**45歳の今からだと約8万円**の貯金で済みます。

とはいえ、月に老後資金専用に8万円の貯金をするのは、目先の教育費に追われるご家庭にとってはやはり厳しいもの。そんなとき、家計を助けてくれるヒーローが借り換えなのです。

仮に500万円の借り換えメリットが出れば、貯めるべき老後資金は1500万円で済みます。月約8万円必要だった貯金を約6万円に減らすことができるのです。さらにいえば、40歳から1500万円を貯めるなら、月5万円の貯金で済みます。

見方を変えれば、**通常、何十年もかけて行う数百万円単位の貯蓄を、借り換えはわずか1カ月足らずで達成**します。そこで浮いた時間を味方につけることで、家計や将来設計をダイナミックに改善していくことも可能になるのです。

ただし、「借り換えでお金が捻出できるから、貯金しなくていいや」は絶対にダメ。借り換えはあくまで足りないぶんの補てんです。これを機に「できれば貯めよう」を改め、具体的な貯金額を算出してみてください。

こんなにかかる子どもの教育費

●子どもの教育費（単位：万円／在学期間中）

区分		公立	私立
幼稚園		66.6万円	154.6万円
小学校		193.2万円	941.0万円
中学校		144.6万円	422.2万円
高校		123.0万円	315.8万円
大学※初年度納付金などを含む	国公立	自宅	547万円
		自宅外	857万円
	私立文系	自宅	547万円
		自宅外	857万円
	私立理系	自宅	905万円
		自宅外	1112万円
	国公立医学系	自宅	792万円
		自宅外	1221万円
	私立医学系	自宅	2974万円
		自宅外	3719万円

※文部科学省の平成26年度「子どもの学習費調査」、平成26年度「私立高等学校授業料等の調査結果について」、独立行政法人日本学生支援機構「平成24年度学生生活調査結果」、大学生協「2015年度保護者に聞く新入学制調査報告書」などを参考に算出。

●私立大学の入学に際し、入学費用を借り入れた家庭の割合と借入額

年度	全体平均		自宅外通学		自宅通学	
	借り入れあり（%）	借入額（万円）	借り入れあり（%）	借入額（万円）	借り入れあり（%）	借入額（万円）
2012	17.2	163.0	20.3	196.3	15.1	133.5
2013	17.0	168.6	20.2	192.3	15.0	148.3
2014	17.6	180.7	21.1	207.2	15.3	157.2
2015	17.9	183.0	21.8	215.6	15.5	155.5
2016	17.9	182.5	21.4	211.9	15.9	159.7

※東京私大教連『私立大学新入生の家計負担調査』（2016年度）より作成

3
♥

第3章

借り換え貧乏を防ぐ！

絶対トクする
3つのルール

♥
3

3-1

借り換えの心得①

借り換えは一生に一度！ だからこそ、ベストを尽くす!!

やり直しの利かない借り換え 慌てて申し込むのは禁物！

第2章では「今の超低金利は異例中の異例！　ずっとは続かないから今すぐ借り換えを！」と、繰り返し訴えてきました。

とはいえ、「とにかく今は借り換えをすれば何でもトクだから」と、よく比較もせず、**慌てて借り換えるのはやめるべき**です。

借り換えには手数料も発生しますし、ネットで申し込めるようになって手続きが簡略化されたとはいえ、現在の住宅の売買契約書等を探したり、住民票などの必要書類を各所から取り寄せたりと、やはりそれなりに労力もかかります。

また、パッと見、金利の安いローンに飛びついて、「本当はあっちのローンのほうがおトクだった」と後悔したり、自分が現在契約している住宅ローンの内容をよく確認しないで、シミュレーションをしていたため、現実とは異なる条件で商品を選んでしまい、損をしてしまったりするようなことも起こり得ます。

さらには、借り換え後の家計についてよく考えていなかったせいで、せっかくトクしたお金を浪費し、借り換え効果を一瞬で失ってしまう人も少なからずいます。

こうなってからでは、もう取り返しがつきません。

まさに、借り換えは一生に一度しかないチャンス。**気軽に何度もチャレンジできるものではないからこそ、じっくり時間をかけて取り組まなければいけない**のです。

誰もが初心者だからこそ 後悔しないようベストを尽くす

一生に一度しか経験しないのですから、誰もが借り換え初心者です。

家を建てた後、「あそこをもっとこうしたかったのに」という声はよく聞かれます。「家は3回建てて初めて満足できる」といわれるように、なかなか一発で「大満足」の成果を得るのは難しいものです。

同じように借り換えも、一度で最高の結果を出すのは簡単なことではありません。しかし、ほとんどの人にとって、チャンスは一度きりしかありません。

だからこそ、**本当におトクな借り換えをするためには、本気でベストを尽くす**必要があるのです。

そこで、この第3章では、実際にローン探しを始める前に、つかんでおくと役立つ心構えやルールについてお話ししていきます。

借り換えによる適用金利と毎月返済額の変化

●適用金利

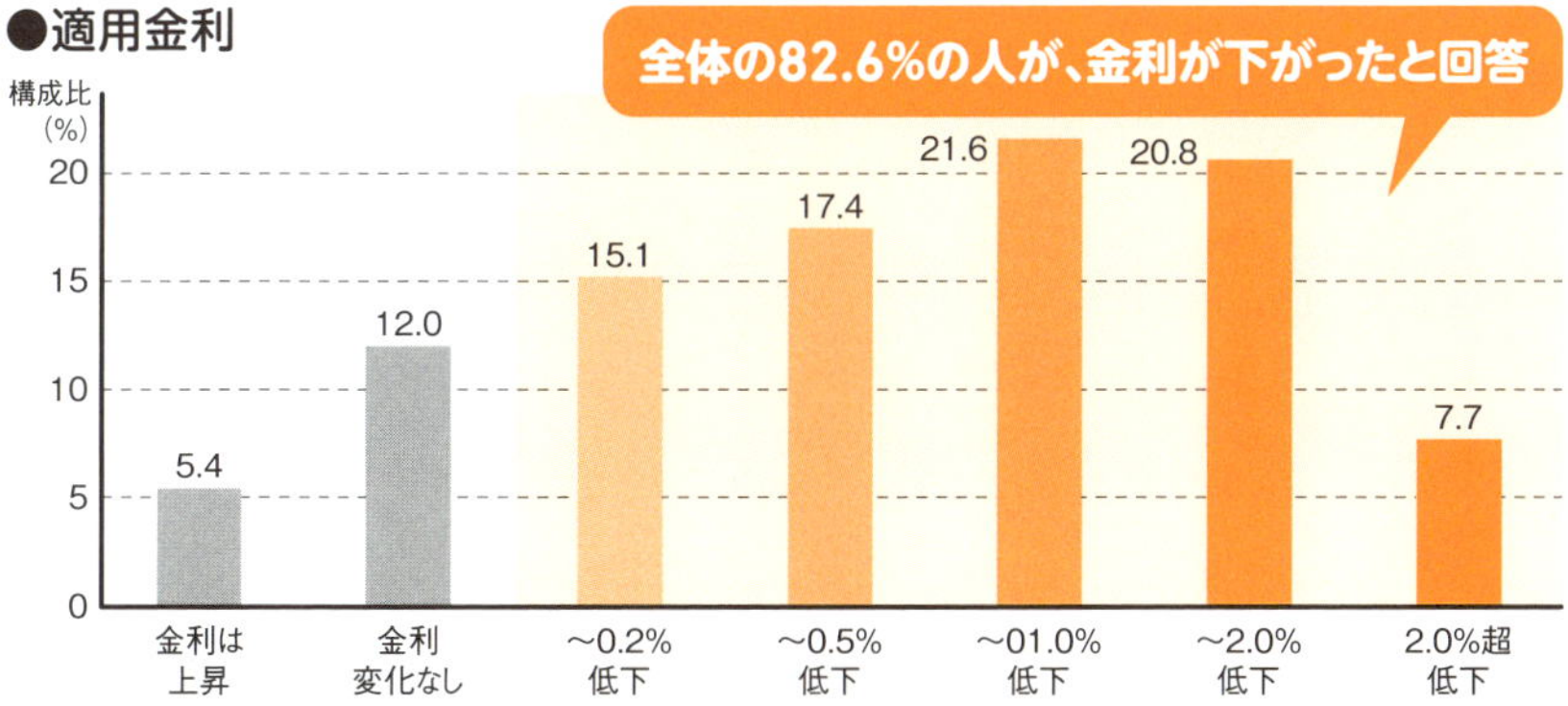

●毎月返済額

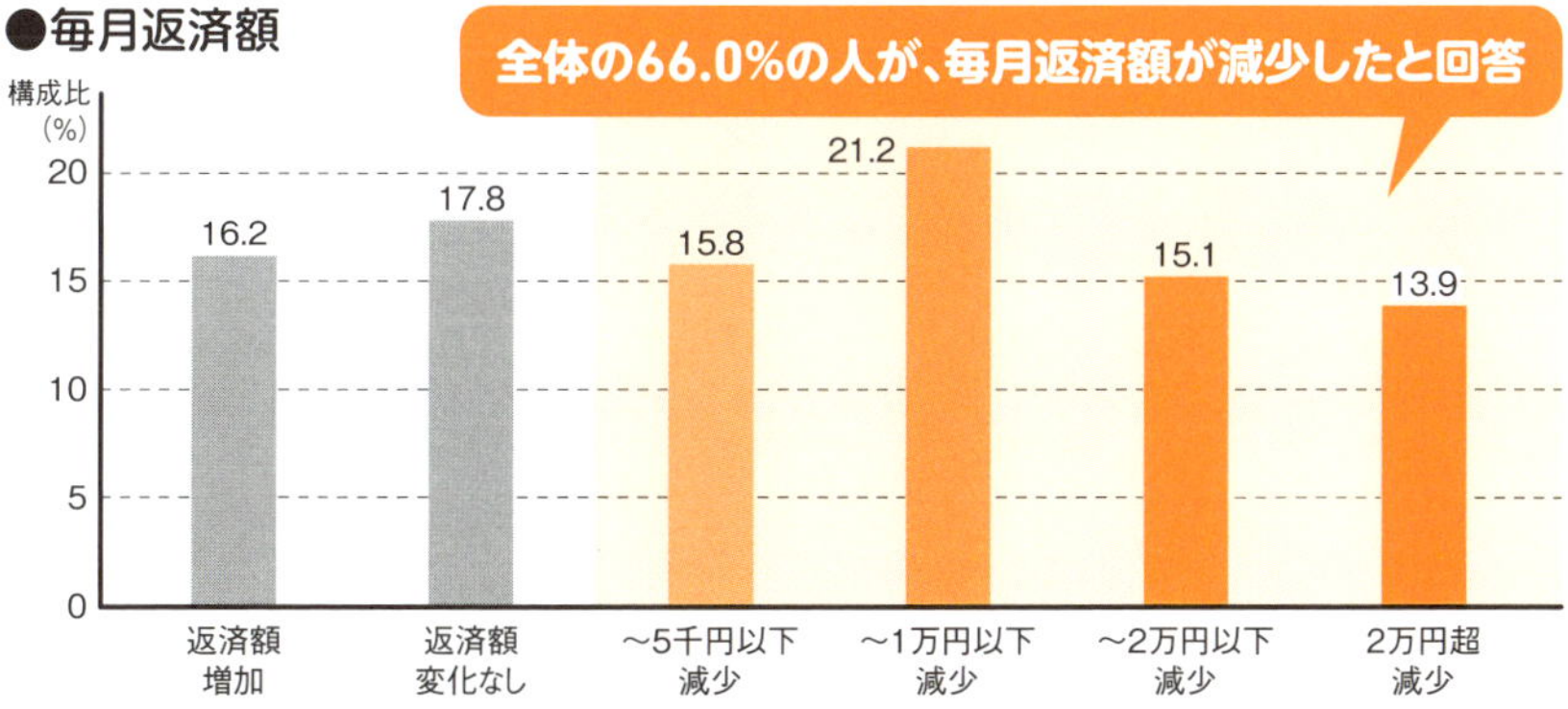

（出自：住宅金融支援機構「2015年度 民間住宅ローン借換の追加実態調査」）

3-2

借り換えの心得②

借り換え貧乏に陥る3つのタブーを回避する

借り換え貧乏を招く3つのパターン

数百万円トクするはずの借り換えで、貧乏に転落してしまう。そんなことあり得るの？　と疑問に思うかもしれません。

でも、あるんです。

借り換え貧乏になるパターンは、次の3つです。

タブー①「借り換えと同時に繰り上げ返済をしてしまう」

「ん？　なんでいけないの？」と思ったあなたは、借り換え貧乏予備軍です。

たとえば、住宅ローン残高「2300万円」といったようなときに、端数の「300万円」を手元の貯金から内入れしてキリのいい数字にし、一気に残債を減らそうとする人がいます。

繰り上げ返済は総返済額を減らせるため、コストマネジメントとしてはバッチリです。でも、同時にリスクもマネジメントしなければなりません。

「リスク？　結構貯金があるから大丈夫」と考えているかもしれませんが、本当にその300万円を繰り上げ返済していいかどうかの判断は、手元に置いておくべきキャッシュの額を把握しているかどうかにかかっています。

手元に置いておきたい現金の目標額は、ざっくりとした目安ではありますが、左ページの「貯蓄目標額シート」で簡単に計算できます。

一緒に計算してみましょう。

たとえば、一戸建てに住んでいて、毎月の生活費が35万円、大学1年生と高校1年生の子どもが1人ずつい

る場合、

【病気や失業への備え】

・生活費：
35万円×6カ月分＝210万円

【将来の3大支出】

・教育費：
約316万円（高校3年間の費用）＋約550万円（大学4年間）×2人＝1416万円

※私立文系、自宅通学の場合（60ページ参照）

・住宅費（修繕費）：700万円

※戸建てが築年数50年の間にかかる修繕費を各種データより推計

・老後資金：1500万円～

となり、病気や失業への備えと教育費（2人目も大学に進学すると想定）だけでも、1626万円の貯蓄がさしあたって必要になります。

この他、人によっては、子どもの

貯蓄目標額シート

【病気や失業への備え】

生活費（　35万円　）×6カ月＝（　210万円　）　小計①　210万円

【将来の3大支出】

●教育費（P22参照）

	（長男）	（次男）	（　）	（　）
幼稚園				
小学校				
中学校				
高校		316万円		
大学	550万円	550万円		

小計②　1416万円

●住宅費（修繕費）

修繕予定年	修繕内容	修繕費
2027年	屋根材の表面塗装	50万円
2027年	キッチンの本体交換	100万円
2032年	外装材の貼り替え	200万円
	ユニットバスの点検・交換	100万円
⋮	⋮	⋮

小計③　700万円

●老後資金（P●参照）

☑ 清貧コース：1500万円
☐ ピンピンコロリコース：3000万円
☐ 安心コース：6000万円

小計④　1500万円

合計：3826万円
（うち、ここ6、7年のうちに必要な資金1626万円）

実際には、このほかに発生すると思われる費用を洗い出したうえ、各年度に落とし込み、「何年までにいくら貯蓄するか」具体的な目標を設定する。

留学費用や親の介護費用などもプラスしておく必要があるでしょう。

少なくとも、これらはここ数年内にかかる費用です。

繰り上げ返済で貯金を減らした後に、病気を患って収入が減り、子どもの教育費をまかなうために、住宅ローンよりも金利の高い教育ローンを借りるようなことにでもなれば、本末転倒です。

このように「うちは1000万円貯金があるから繰り上げ返済しても大丈夫」と思っていても、実際に必要額を計算してみると、繰り上げ返済している場合じゃない！　というケースがほとんどなのです。

安易な繰り上げ返済は直近のリスクを高めることを忘れないでください。

タブー②「借り換え後に必要な毎月の貯蓄額を把握していない」

先のケーススタディをもう一度ご覧ください。「貧乏パターン①」で対象としたのは、さしあたっての費用についてでしたが、実際には将来的にかかってくる住宅費（修繕費）と老後資金の合計2200万円ぶんについても、計画的に貯蓄を進めなければなりません。

しかも、「老後資金1500万円」は最低限必要な貯蓄額です。人によって暮らし方や考え方に違いがあるため、一概には言えませんが、私は自分のお客さまには、65歳時点での貯蓄額について、次のようにお話ししています。

- **1500万円：「清貧コース」**
- **3000万円：「ピンピンコロリコース」**
- **6000万円：「安心コース」**

「どれにしますか？」とたずねると、みなさんたいてい「1500万円で」とおっしゃいます（笑）。

でも、1500万円の老後は、孫へのお小遣いも事欠く状況。3000万円ならお小遣いはあげられますが、病気になったらアウトです。6000万円でようやく安心して病気になることができます。

1500万円の清貧コースでも、貯めるのに30年間、月4万円ずつ貯蓄していかなければなりません。

借り替えて満足するのではなく、この機会に「いくら手元に現金を貯めておくべきか」というガイドラインを持つことが、借り換え貧乏に陥らないポイントになります。

さらに「貧乏パターン③」にも関連しますが、目先の損得に目を奪われすぎるとリスクを高めます。

2017年7月の最安値金利は変動金利0・444%。10年固定0・58%、全期間固定1・18%となっています。

一見すると、圧倒的に変動金利が低く、心が動かされるかもしれませんが、第2章で触れたとおり、金利上昇リスクを抱えることになります。

先ほど老後資金1500万円なら、月々4万円の貯蓄ペースとお話しましたが、残債3000万円、残りの返済期間が30年の場合、金利が1%上ぶれすれば、約500万円はあっという間に金利上昇分で食いつぶされてしまいます。

貯蓄は子どもの教育や老後など、未来を作るものです。だからこそ、目先の金利の安さに心を奪われて借り換えてしまい、金利上昇時には貯蓄ができなくなる……という事態は避けなくてはいけません。

ローンと貯蓄は常にペアで考えるべきものなのです。

変動金利に借り換えて、一時的にトクしたつもりになっても、金利が上ぶれすれば、借り換え貧乏へとまっしぐらです。

ローンの残り期間がある程度短ければ、金利リスクが小さくなるので、必ず全期間固定にしなければならない、ということではありません。たとえば、残り期間が20年前後なら、10年固定0・58%なので、毎月返済額が下がり、それなりのメリットが出るでしょう。

理想は全期間固定ですが、金利が1・180%と10年固定より約0・6%割高でコストアップしてしまうため、コストをそこそこ抑えつつ、リスクも低い10年固定を選ぶ人も少なくありません。

タブー③「十分な準備なしに変動金利を選ぶ」

「変動金利はリスクがある」と繰り返してきましたが、リスクに対してきちんと準備できるのであれば、金利の低い変動金利を選ぶのは、必ずしも悪い選択肢ではありません。

具体的には、

「10年固定金利が○%になったら借り換える」

「全期間固定が○%になったら借り換える」

といったように、あらかじめ**指標とする固定金利のパーセンテージを決めておき、それが○%になったら、もう一度借り換える**、と明確に決めておきましょう。

「変動金利が上がり始めたら固定に切り替えればいい」と簡単に言う人がいますが、**いったん変動金利で借りてしまうと、固定金利に借り換えるのは、考えている以上に難しい**ことだからです。

その理由を理解するには、まず「過去のケースでは、金利は固定金利から上がり始める」傾向が強いことを知っておく必要があります。

変動金利は短期プライムレートと呼ばれる企業向け貸出金利を参考に決定されますが、その市場は日銀が強い影響力を持っています。

それに対し、固定金利は市場の取引価格で変動します。今は日銀が金融政策で長期金利の上昇を抑えているので固定金利も低くなっていますが、金融政策が解除されたり、景気が上向いたりすれば、長期金利が上がり、それに伴って固定金利が上昇し始めるでしょう。それは、おそらく変動金利より先に動きます。

そのため、「変動金利が上がり始めたな」と感じたときには、「いつの間に、固定金利もこんなに上昇していたのか……」ということになるのです。

すると、次のようなジレンマに陥ります。

たとえば、変動金利0・5％、10年固定金利が0・65％だったのが、変動金利は変わらないまま、先に10年固定金利が2・0％に上昇したとします。

ここで、金利を固定化すべきか検討しようとしても、変動金利が上昇していなければ、変更しないほうがおトクに思えてしまいます。

しかし、**変動と固定の金利差に注目すると、前者は金利差0・15％、後者は金利差1・5％と明らかに差は広がっています。**もし、このまま放置して、さらに固定金利が上昇すれば、もっと金利差は拡大し、ますます借り換えがしづらくなります。

そうこうしているうちに、いよいよ変動金利が上がり始め、慌てて固定金利に借り替えようとしたときには、高い金利で借り換えるしかなくなってしまうのです（変動金利が固定金利に追いつくまで、固定に借り換えられないでしょう）。

このように、金利を見ただけでは変動から固定に乗り換えるおトク感がないため、前記したように、あらかじめ「固定金利が○％になったら」と決めておく必要があるのです。

これは投資の世界と似ています。株価が下落傾向なので、これ以上損をしないように売ってしまおうと思っても、損を確定させることになるため、あらかじめいくらになったら売ると決めておかないと、なかなか決断できないものです。

では、固定金利が何%になったら借り換えを検討すべきなのでしょうか？　一概には言えませんが、変動金利と固定金利の差が小さければ小さいほど、固定金利の「コストが高い」というデメリットは減ります。

この**約10年間の変動金利と全期間固定金利の差は平均1・229%です。ですから、この差を超える前に固定に借り換えれば、平均的にはトクする可能性が高い**といえます。

変動金利を選ぶなら、こうした知識を身につけて金利上昇に備えておかないと、あっという間に借り換え貧乏に転落してしまうのです。

変動金利との金利差が小さいうちに、固定金利に借り換える

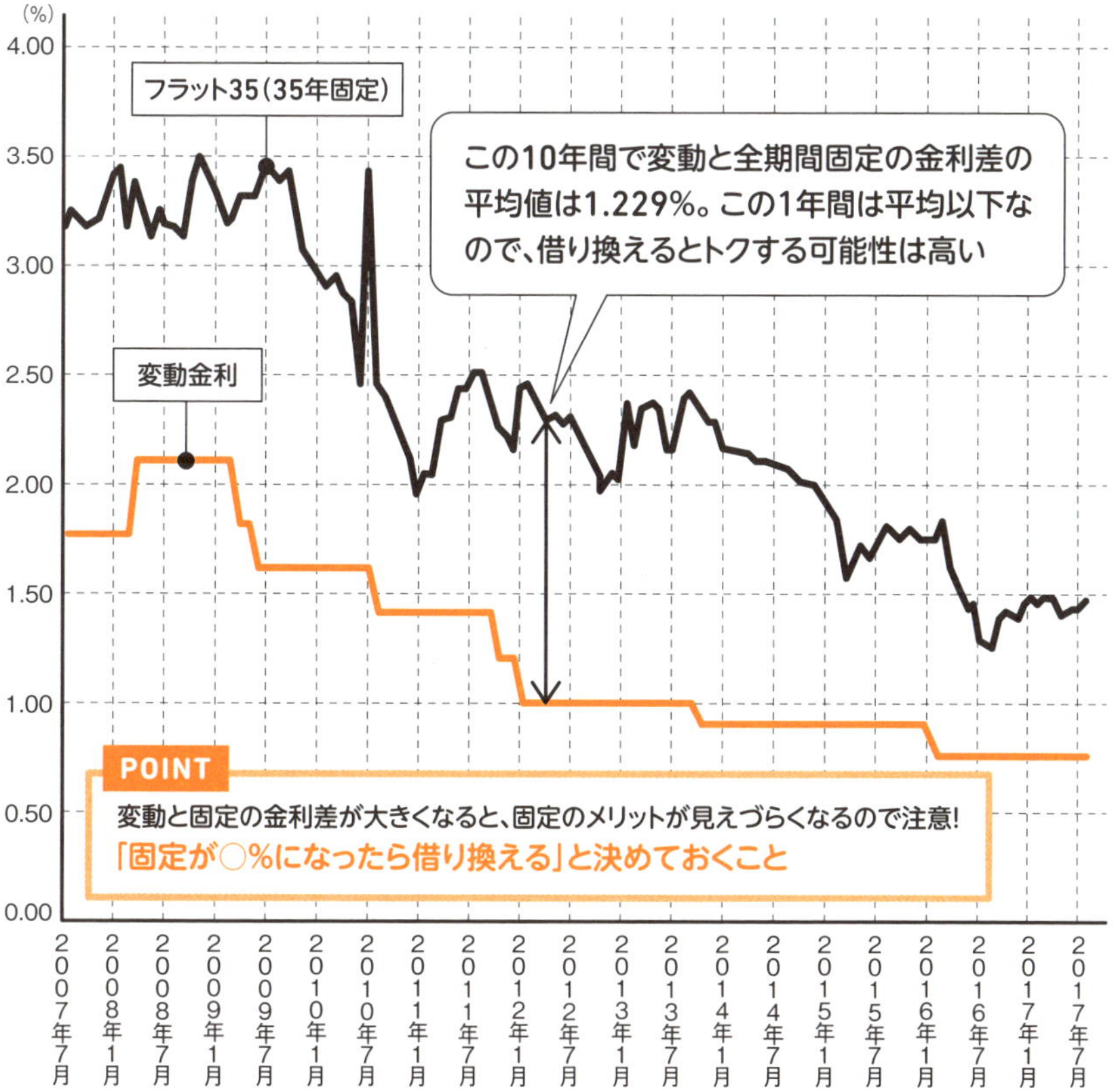

※店頭金利に手数料、保証料といった諸費用なども考慮した実質金利で比較

3-3 借り換えの心得③

「条件変更」と「借り換え」どちらがトクか見極める

早くて簡単だけどベストではない「条件変更」

これまで「借り換えは費用も手間もそれなりにかかるから、一生に一度しかできない」とお話ししてきましたが、「それなら条件変更があるじゃないか！」と感じた人もいるかもしれません。

たしかに、今の超低金利のメリットを享受するには、借り換えのほかに「条件変更」という手もあります。

条件変更とは、「住宅ローンの金利を下げてくれなければ、もっと金利の低い他行に借り換えますよ」と銀行に交渉して金利を下げてもらうものです。

住民票などの書類を用意する必要はなく、手続き費用も数千～数万円程度。借り換えと違って費用負担がほとんどなく、手続きも簡単なのがメリットです。

「安い・早い・簡単」と三拍子揃った**条件変更ですが、一つだけ大きな欠点があります。**

それは残念ながら、私たちが目標としている**「ベストな金利」は手に入れられない**ことです。

銀行は今と同じ金利には絶対に下げてくれない

そもそも銀行員が条件変更に応じるのは、自分の成績を維持するためであって、あなたのためを思ってのことではありません。

一般的に銀行員は、顧客の「貸出残高」が評価項目の一つとなっています。残高がどんどん減っていく住宅ローンは商品の性格上、常に新規のお客さまを獲得していかなければなりません。

そうした中、顧客から「借り換え

たい」と言われたらどうでしょう。「せっかくノルマを達成していたのにもう1件新規を入れなきゃダメなのか。それなら多少金利を下げても……」と待ったをかけてくるのです。

しかし、ここで喜んではいけません。「釣った魚にエサをやらない」を基本姿勢とする銀行は、いくら金利が下がっているとはいえ、**過去に契約済みのあなたに、新規お客さま用に設定している「現在の最安金利」をつけてくれることはない**のです。

優遇幅にだまされるな！ 借り換えと比べて冷静に判断を

条件変更時の交渉の中身は**「金利優遇幅をいかに広げるか」**です。

たとえば、2017年7月現在のみずほ銀行の変動金利は0・6％。これは、店頭金利2・475％から、銀行が設けている金利優遇▲1・875％を差し引いた数字です。優遇幅が大きいほど金利は下がります。

8年前に住宅ローンを借りた人が、この優遇幅が▲1・275％だったとすると、銀行は「▲1・875％は難しいですね。でも、▲1・4％までなら何とか」など、細かく数字を刻んでくるでしょう。

どのくらいの金利引き下げに応じてくれるかは、借り手の返済能力などによって銀行が判断します。つまり、銀行のさじ加減次第です。

その一方で、「お客さまのために支店長に特別に許可をもらいました！」とこちらのプライドをくすぐるのも忘れません。

そこで「▲1・4％も下げてくれるんだ！」と喜んで思考を止めてしまっては、相手の思うツボ。この例だと、優遇幅が1・275％だったときの適用金利は1・2％。優遇幅が1・4％のときは1・075％になります。もし借入残高3000万円、残存期間29年、だった場合、両者を比較すると、利払いで約60万円の違いが出ます。しかし、もし借り換えによって適用金利が0・6％（優遇幅1・875％）になったとするなら、約284万円も下がるのです。

ですから、どんなにおだてられても、**「借り換えたほうが、たとえ手数料を負担したとしても、条件変更よりトクではないか？」**という視点で、時間をかけてベストな金利を探し出す姿勢を忘れないでください。

ちなみに信託銀行系は条件変更を申し出ると、「どうぞ他行で借り換えを」とあっさり了承され、金利変更に応じないことが多いようです。

3-4

トクするルール①

当初金利で即決せず、時間をかけてベストな金利を探す

簡単に見つかる金利は「ベスト」でない可能性大

黒田バズーカによる異常な超低金利のおかげで、多くの人が借り換えをするだけで、メリットを享受できるのは確かです。ネットでシミュレーションなどを行えば、100万、200万円といった借り換えメリットが簡単に弾き出されることでしょう。

けれども、そこで満足してはいけません。あと100万円、もうあと100万円というように、少しでもトクする金利を見つけるために、今こそ「本気」になるべきです。

「本気」といっても、安心してください。もちろんケースバイケースですが、ほんの4、5時間もあれば、ベストな金利を見つけることが可能です。

考えてみてください。もし500万円の借り換えメリットが出る金利を5時間で探し当てたら、時給100万円の仕事に相当します。こんなに割りのいい仕事は他には転がっていませんよね。

本業をちょっと棚上げしてでも借り換えに力を入れたほうが、家計的にはプラスかもしれません（笑）。

それでも「面倒くさい！」と嫌になったでしょうか？

でも、みなさんは今のマイホームの購入を決めたとき、それなりに時間をかけたのではないでしょうか？ そのとき、悩みに悩んだのは、「一生の買い物だから」という思いがあったはずです。

金利探しも家探しと一緒です。「時間をかけるほどいいものが見つかる」「簡単に見つかるものがベストとは限らない」

「一見、安い金利には裏がある」というのが、常識なのです。

たしかにどの金利も一見、おトクに見えますが、さまざまなカラクリや注意点があり、ベストな金利をすぐに探し出すには少しだけ時間が必要になります。

「当初金利が安いだけ」ではベストな金利とはいえない！

変動金利と同じくらい低金利の10年固定は、今、とても人気があります。

10年固定0・580％なんていう数字を見ると「おお、安い！」とたしかに飛びつきたくなってしまいますよね。

でも、10年間だけの**当初金利ばかりに目を奪われてはいけません。注目すべきは、固定期間終了後の金利**です。

固定期間が終わると、たいていの住宅ローンは変動金利に切り替わります。

でも、あなたが目をつけている10年固定が、期間終了後に何パーセントの変動金利になるのか、即答できますか？

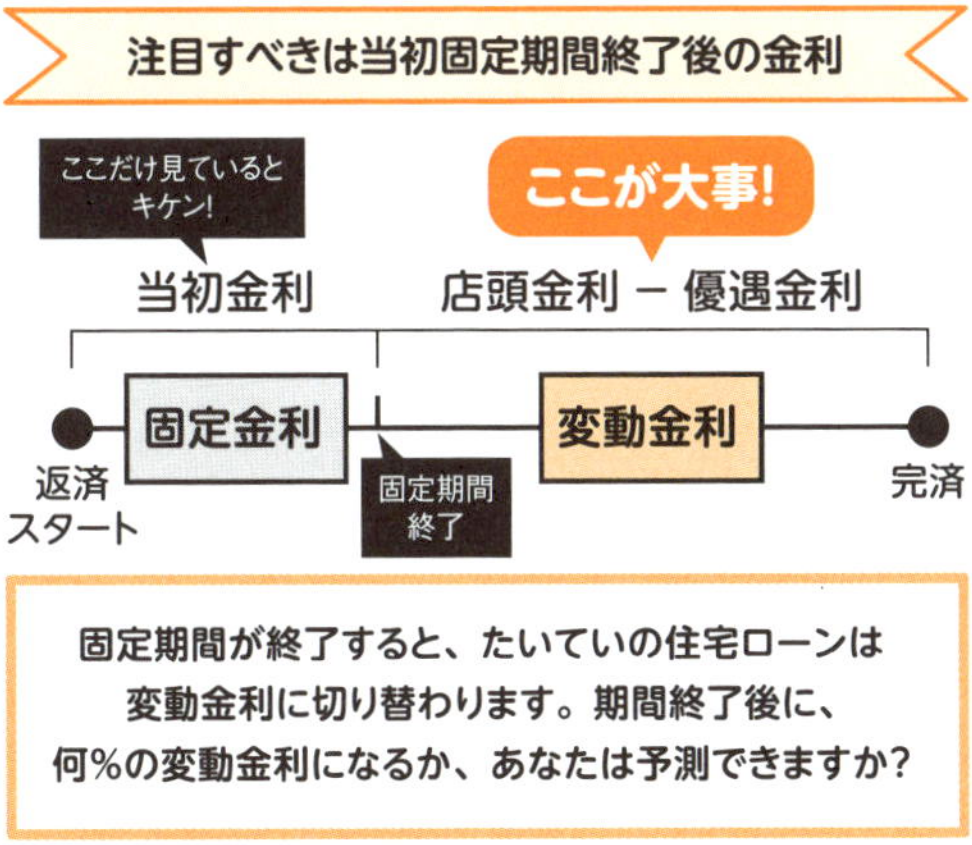
注目すべきは当初固定期間終了後の金利
ここだけ見ているとキケン!
ここが大事!
当初金利
店頭金利 − 優遇金利
固定金利
変動金利
返済スタート
固定期間終了
完済
固定期間が終了すると、たいていの住宅ローンは
変動金利に切り替わります。期間終了後に、
何%の変動金利になるか、あなたは予測できますか?

おそらく、大半の人が「固定期間終了後の金利って何？」と戸惑っているのではないでしょうか。

固定期間終了後の金利は、とにかく見つけにくい場所に、ひっそりと表示されています。

ドドーンと大きく表示されている10年固定金利の下に、小さな文字で表示されている場合もあれば、ずーっと下にスクロールしていき、目を皿のようにして探してようやく見つかる、という場合がほとんどです。

しかも、表示されてはいるものの、パッと見ただけで理解できるものではありません。

たとえば、次のような例。

「固定期間終了後から完済まで、店頭金利より▲年0・8％」

変動金利の店頭金利（銀行によっ

ていろいろな呼び方がありますが、「基準金利」「店頭金利」「店頭表示利率」と同じ意味です）は銀行ごとに、また金利タイプごとに異なりますが、仮に２・３４１％だとすると、そこから優遇金利▲年０・８％を差し引いた１・５４１％が、固定期間終了後の金利でしょ？　と誰もが考えるのではないでしょうか。

　しかし、そう考えた方は残念ながら不正解です。ここでの店頭表示金利は「現在の店頭表示金利」ではなく、「固定期間終了後（＝10年後）の店頭表示金利」のことを指しているからです。

　つまり、**未来の店頭表示金利を予想しないと、正確な「固定期間終了後の変動金利」は算出できない**のです。

　正確な「固定期間終了後の変動金利」を計算することは、銀行マンでもファイナンシャルプランナーにもできません。繰り返しお話ししてきたように、将来の金利予測は非常に難しいのです。

　それに加えて、店頭表示金利は銀行によって異なるため、「優遇幅は大きいけれど、店頭金利が高いローン」より、「優遇幅は小さいけれど、店頭金利が低いローン」のほうがおトクなケースも出てきます。

大事なことは見つけづらいように書かれている

当初10年固定

店頭金利　年2.341%

▼

年**0.580**%

固定期間終了後から完済まで、店頭金利より▲年0.8%

店頭金利（基準金利など）
各金融機関が設定した、いわば「定価」のような金利。金融機関によって呼び名が異なる。

適用金利（優遇金利など）
住宅ローンを融資するときの実際の金利。いわば「値引き」した金利。

ここに注目!

ここの店頭金利は「**現在**」ではなく、「**固定期間終了後（=10年後）**」の店頭金利を指しています!

➡ 10年後、金利が変わっていなければ、2.341%−0.8%=1.541%となります。

スーパーの割引と同じですね。ある商品を普段2000円で売っているA店が5割引きすれば1000円。同じ商品を1000円で売っているB店が1割引きすれば900円。というように、割引率だけ見ても、どちらがトクかはわかりません。

銀行の中には固定期間選択型の当初金利をあえて低くするというトラップを仕掛け、代わりに固定期間終了後の優遇幅を小さくしたり、手数料などを高く設定したりしているところもあります。

もちろん、こうした金利だけではなく、ローン残債や残りの返済期間によっても、有利なローンは変わってくるため、**単に「当初金利が安いから」という理由でローンを選ぶと、失敗の原因になりかねません**ので要注意です。

割安感のある金利はこう選ぶ

ここまで読み進め、「ベストな金利」が、「ただ安いだけ」の金利ではないことが、だんだんおわかりいただけているのではないでしょうか。

もちろん最高に安い金利のローンを探すのが、借り換えの最優先課題であることは揺るぎない事実です。

しかし、金利は安くても、金利が変動するローンは金利上昇というリスクとセットです。

では、どのようなリスクマネジメントをすればいいのでしょうか。

現状、毎月10万円以上の貯蓄ができる人は、多少のリスクを取っても、家計が破綻する可能性は少ないと思いますが、子どもがいる人は、教育費を死守するためにも、できるだけリスクは避けたほうが無難です。

かといって、変動金利と固定金利の差があまりに大きい時期であれば、総返済額が膨らみすぎるので、多少はリスクを取る必要があるでしょう。

ただ問題なのは、変動金利と固定金利の差がどれくらいならリスクを取っていいのか、ダメなのか、パッと見で判断がつかないことです。

コストが低いわりに、リスクも少ない〝割安感〟のある金利を選ぶには、どうすればいいのか。それを見極めることができるのが、イールドカーブ分析といわれる手法です。

〝イールド〟とは金利のこと。イールドカーブとは、住宅ローンの当初の固定期間ごとの金利を固定期間の順に線で結んだ曲線のことをいい、縦軸は金利、横軸は当初固定期間で表されます。

では、「10年固定金利がおトクになっていると聞くけれど、残りの返済期間が22年だから、20年固定金利も検討したい」という場合、10年固定金利と20年固定金利のどちらに割安感があるのでしょうか。

結論から言えば、2017年7月時点では、10年固定金利のほうが「割安」、20年固定金利は「割高」です。

たとえば、りそな銀行の2017年7月の変動金利は0・497%、10年固定金利は0・65%、20年固定金利は2・322%。全期間固定金利は1・4%となります。それぞれ横軸が「変動金利」「10年」「20年」「全期間固定（35年）」のとき、**変動金利と全期間固定を結んだ点線の下にくるなら「割安」、上にくるなら「割高」と判断**できます。

このケースだと、10年固定金利の0・65%は一発で「割安」だとわかりますが、20年固定の2・322%は「割高」です。

現在格安な金利タイプは「全期間固定」「10年固定」

イールドカーブの動き方は、金利タイプを選ぶときの道しるべになるので、ぜひ覚えておいてください。

カーブが右肩上がりの「順イールド」のときは、変動金利より全期間固定金利のほうが高い状態。金利上昇局面なので、変動金利は固定金利よりも安くなります。

反対に、右肩下がりの「逆イールド」は全期間固定金利より変動金利のほうが高い状態。金利下落局面なので、固定金利が安くなります。

また、マイナス金利導入後には、特に長期の固定金利が大きく金利を下げたため、イールドカーブの曲線がなだらかになる「フラット化」が進みました。固定期間選択型と全期間固定金利の差が小さく、固定期間選択型を選んだほうが有利な状態です。

このフラット化が進んだ結果、長期金利で利ざやを稼ぐことができなくなった銀行や生命保険会社への救済措置として、日銀が10年以内の金利は現状の水準に据え置くが、10年超の金利は金利の上昇を容認。イールドカーブの傾きを大きくする「スティープ化」が起こりました。

これにより、10年超の固定金利が上がり始めましたが、大きく上がれば景気刺激などのために日銀がけん制するので、これ以上の金利上昇は、当面考えにくいというのが専門家の共通の見方です。

ということで、**2016年に変動**

金利と全期間固定の金利差が過去最小となりましたが、現在、まだまだその金利差は過去の平均値から比べれば小さく、全期間固定金利や10年固定金利に割安感があります。

また、過去の変動金利の変動幅は、この約10年間で1・3％であることを考えれば、現在の金利差がその半分程度であることを考えても、あえてリスクを取って変動金利を選ぶ必要がないほど、固定金利はまだまだ安さを保っています。

「割安感」という金利の見方を身につければ、表面的な金利の安さだけに目を奪われることなく、本当におトクな金利を選べるのです。

イールドカーブを金利タイプ選びの参考に

●イールドカーブで割安感のある金利を選ぶ

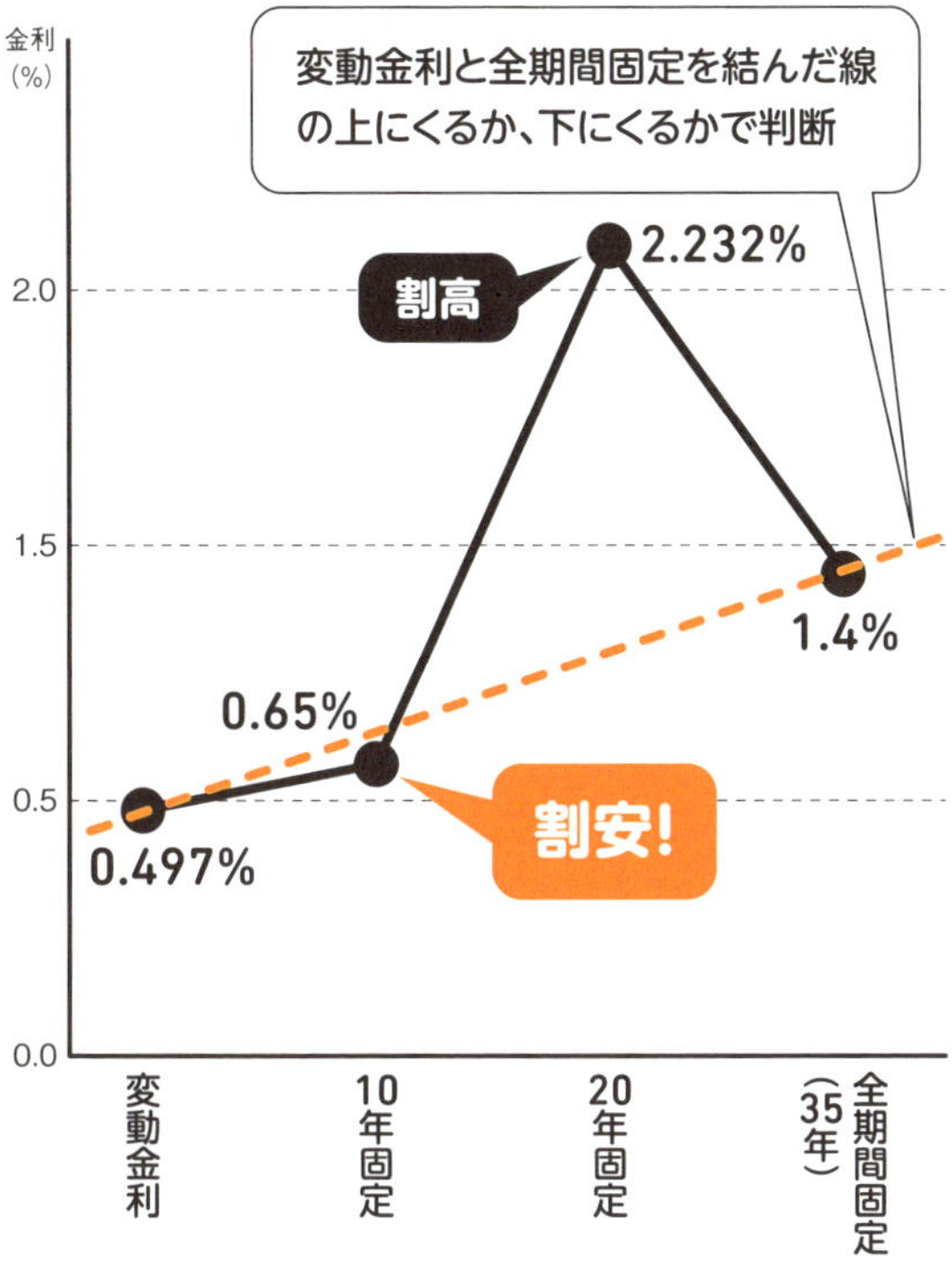

※りそな銀行の2017年7月現在の金利をもとに作成

●イールドカーブの動き方

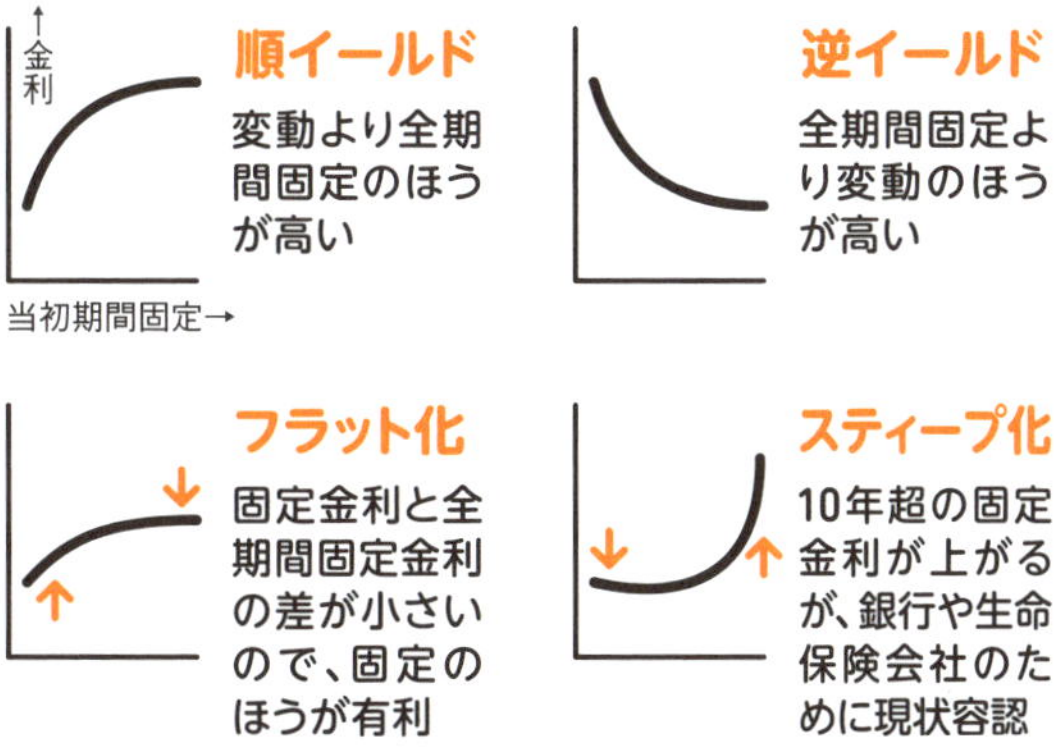

3-5

トクするルール②

面倒な4つの山は手順を押さえて簡単に済ます

全体像を把握しておけば面倒くささは減らせる

借り換えを面倒に感じるのは、とにかく金利探しから書類集め、申し込み手続きなど、やらなければならないことが多いからです。

しかし、どんな書類をいつどの段階で用意しておけばいいのか、ラクできる手段はあるのかなどをあらかじめ知っておくことで、自分が行けなくても配偶者に取りに行ってもらったり、ネットで取り寄せたりと、面倒な手間を省くことが可能です。

面倒なこと①
「現在の契約内容の把握」

ローン選びには「現在の住宅ローンの契約内容」を正確に把握する必要があります。

それが書かれているのが、**銀行が発行する「返済予定表」と、住宅ローンを組んだ際の「住宅ローン契約書（金銭消費貸借契約書）」**です。

借り換えの申し込み時には必ず提出を求められる書類なので、「返済予定表」を探しておきましょう。もし見つからなければ、銀行から取り寄せます。「住宅ローン契約書」は家の中をよく探してみてください。

この2つさえ用意してしまえば、ローンのシミュレーションにすぐ取りかかれます。

5年固定だと思っていたのに、気づかないうちに固定期間が終わっていて変動金利になっていたり、ローン残高や残りの返済期間があやふやだったりする人はめずらしくありません。

これらの数字がわからないと、正確なシミュレーションをすることができないので要注意です。

また、**契約書とは別に優遇金利について書かれた書類も探しておきましょう。**

借りているローンが変動金利なら全期間優遇が多いので問題ありませんが、10年固定などでは優遇内容がわからないと、固定期間終了後の金利がどれくらいになるのかもわかりません。

面倒なこと②「ベストな金利（商品）探し」

前項でお話ししたとおり、金利探しは慎重に行うべきですが、かといって、一つひとつ銀行のホームページをチェックしてベストな金利を探し出すのは、気の遠くなるような作業です。

こうした面倒な金利探しをラクにしてくれるツールがランキングサイトです。

ランキングサイトは星の数ほどありますが、おすすめは「ダイヤモンド・ザイ・オンライン」（http://diamond.jp/zai）。私が監修しているので手前味噌になってしまいますが、広告料をもらっていない銀行の商品もきっちり掲載しているめずらしいサイトです。

銀行が実際に貸し出す「表面（店頭）金利」だけでなく、手数料、保証料といった諸費用なども考慮した「実質金利」を算出しているので、自分であれこれ計算する手間が省けます。

よく、3、4行しか掲載されていないランキングサイトがありますが、これは広告料を出している銀行しか掲載していないところです。ランキングの信ぴょう性も、眉唾ものと考えていいでしょう。

また、「1位　新生銀行」など銀行ごとのランキングになっているサイトもありますが、これはほとんど参考になりません。

たとえば、新生銀行は20年固定1・4％など、固定期間によっては非常にお宝なのですが、変動金利は優遇制度の内容が他の銀行とまるっきり異なります。表面の金利からは実質的なコストがまったくわからないため、おすすめできません。

また、同じ銀行でも力を入れている金利タイプとそうでないものがあるため、前記のように銀行ごとのランキングは意味がないのです。商品ごとのランキングのほうが、信頼度が高いといえます。

面倒なこと③「申し込みに必要な資料の用意」

ローンの申し込みに必要な書類は大きく2種類に分けられます。

一つは、住宅ローン契約書、工事請負契約書など、自分が持っている書類。もう一つは、登記簿や所得税の納税証明書、印鑑証明など、各所に取りに行かなければ、用意できない書類です。

前者については自分で探すしかありませんが、後者については**外注が可能**です。登記簿はネットで取り寄せることができますし、借り換え時の抵当権の設定等を依頼する司法書士に、コミコミでお願いしてしまう手もあります。**委任状があれば、ほとんどの書類は配偶者や司法書士でも受け取ることができます。**

注意点は、**銀行のホームページなどに記載されている必要書類をきちんと読み込み、「正しい書類」を用意する**ことです。

確定申告をしている人の場合、税務署でもらう所得税の納税証明書が必要になりますが、なかには「住民票をもらうついでに区役所でもらってきました」と、「住民税の納税証明書」を間違えて提出してしまう人はめずらしくありません。

また、所得税の納税証明書は「その1」から「その4」まであるのですが、手続きに必要なのは「その1」と「その2」。「その1」だけでは再び税務署に取りに行かなければならなくなります。

一方、会社員の場合、源泉徴収と課税証明書（もしくは住民税決定通知書）の提出が必要になります。

正しい書類でないと、審査が始まりませんので、くれぐれも注意が必要です。

面倒なこと④「申し込み手続き」

仕事を抜け出したり、わざわざ有休を取ったりして、銀行に行かなければいけないと思うと、いくら数百万円が浮くとはいえ、憂鬱なことは間違いありません。

ただ、先日おもなメガバンクやネット銀行など15行の申し込み手続きについて調べたところ、そのすべてがネットと郵送などで申し込み手続きができる銀行ばかりでした。

銀行に行くのは契約時の1回だけというところが3行で、銀行に一度も行く必要性のない銀行がほとんどです。

三菱信託銀行、じぶん銀行は完全にネットのみの受付。かえって店頭には来てくれるなというスタンスです。

ただし、便利なネットにも、落とし穴があります。

1人で欄を埋めていかなければならないため、「何を書いたらいいかわからない」と悩むことがあるからです。

「申し込み手続きの『延床面積』で、小数点以下が入力できない」

「建築申請書と登記簿の延床面積が違っている場合は、登記簿の数字を書く」

などなど、知識がないと判断が難しい項目も少なくありません。

前記のように、銀行のホームページには必要書類が記載されているので、まずはそれを揃えてください。そのうえで、判断がつかなかったり、取り寄せ中の書類があったりするなどして、空欄ができてしまう場合は、とりあえずダミーの数字を記入して、先に進むことが大切です。そこで手を止めてしまうと、画面がタイムアウトしてしまい、また最初から入力し直さなければならなくなってしまいます。

入力の途中で保存できる銀行もありますが、最終画面にたどりつかないと保存できない銀行もあります。源泉徴収票をなくしてしまい、会社に再発行をお願いしているような最中でも、ひとまず記憶している数字をダミーで入力しておき、書類が手に入ってから正しい数字を入力すればＯＫです。

書類を揃えるのにも時間がかかります。「すべて揃ってから一気に入力しよう」というのは現実的ではありません。何日かに分けて、わかるところから記入し、不明箇所はダミーで進めておくのが効率的です。

後で正しい数字に入れ替えるのをお忘れなく。

また、りそな銀行は入力をチャットでサポートするサービスがあり、これからますます入力が簡単になりそうです。

3-6

トクするルール③

借り換え後の家計を考えておく

あなたの選択一つひとつがあなたの将来を決める

借り換えには2つの「損」がつきものです。

一つは**「機会利益の損失」**。

数百万円トクできる借り換えチャンスを、面倒くさがって無駄にしてしまうのは、あまりにもったいなさすぎます。金利をじっくり選ぶ時間は〝必要経費〟ですが、指を加えて見ているだけの時間は〝浪費〟です。その間に金利がわずかコンマ数%上がっただけで、何百万円もの損が生まれます。

もう一つの損は、**「借り換えで浮いたお金の無駄使い」**です。

借り換えは、改めて言うまでもなく、「支払うはずだった住宅ローン金利を浮かせる」という形ですから、現金が手に入るわけではありません。「浮いたお金の使い道」をきちんと考えていないと、気づかないうちに何となくそのメリット分を消費してしまいがちです。

そんな失敗を犯さないよう、65ページで触れた「将来の3大支出」について、ここではもう少し具体的に見ていきましょう。

「住宅費（修繕費）」は700万円ほどでしたね。

じつは、住宅ローン減税がなかったこととして、そのぶんを使わずに取っておけば、3000万円の借り入れをしている人なら、多ければ250万円ほど手元に残ります。

残りは450万円。借り換えで生まれるメリットと貯蓄を合わせれば、ある程度、目途は立つのではないでしょうか。

「教育費」は月々学資保険1万円程度の積み立てで大学進学に備えてい

るというご家庭が圧倒的多数です。貯蓄型で18年間、積み立てたとして、受取額は220万円程度といったところでしょうか。

しかし、たとえば私立文系の大学に自宅から通った場合、他大学の受験料や入学金などの学校納付金（入学しなかった学校への納付金も）、授業料、通学費、教科書代などを含めて、卒業までに合計で約695万円かかります（日本政策金融公庫総合研究所「平成28年度 教育費負担の実態調査」より）。

ただ、この220万円に、15歳まで（16年間分）の児童手当210万円を合わせれば、430万円は確保できることになり、残り約240万円（年平均60万円）を工面すれば、何とか卒業させてあげられます。

将来の3大支出の最後「老後資金」は退職金と年金が収入の柱です。

なかには退職金がない人もいるでしょうし、年金額は現在より減額になるのが確定的です。

給付年齢も引き上げられる可能性が高く、70歳給付になった場合、65歳からの5年間分の生活費でせっかく貯めた老後資金がゼロになってしまうこともあり得ます。

このように、**住宅ローン減税や児童手当を貯めておいたご家庭でさえ、借り換えをして、ようやく必要額に届くか届かないか、というきわめて厳しい状況**なのです。

ましてや住宅ローン減税分や児童手当などを貯めていなかった場合には、借り換えで浮いたお金を、車や旅行に使うなんて問題外。

せっかくの借り換えメリットをビター文無駄にしてはいけないことがよくおわかりいただけると思います。

さらには、子どもが「スポーツ留学したい」「中学受験をしたい」と言い出す可能性もあるでしょうし、親の介護で予想外の出費があるかもしれません。

先日も、小4のお子さんを持つ方が相談に訪れ「夏期合宿に12万円かかるので貯金を使ってもいいか」と言うのです。聞けば、小5では18万円、小6では25万円に跳ね上がります。

ここで借り換えをしてキャッシュフローが月2万円でも浮けば、これほど助かることはありません。

あなたの選択一つひとつが、自分と家族の将来につながっていることが、イメージできたでしょうか？

何のために借り換えるのか。借り換え後の家計に、浮いたお金をどう

活用していくのか。借り換える前から具体的にプランニングしておくことが、せっかくの借り換えメリットを無駄にしないポイントです。

ローン負担が重い場合の借り換えはアリ？ナシ？

なかには、収入減などで月々のローン返済が重くのしかかり、少しでも月々の支払いを軽くするために借り換えを検討している人もいるかもしれません。

しかし、何度か延滞をしていたり、消費者金融などから借入額を増やしてしまっていたりすると、銀行は何よりリスクを嫌うため、借り換えは難しくなってしまいます。

そのため、できることなら、キャッシュフローが極端に悪化し、**月々の返済が厳しくなる前の段階で、早めに借り換えを検討し始める**ことが大切です。

- **会社の業績が悪い**
- **予定外に子どもが産まれた**
- **離婚の可能性が出てきた**

など、「もしかしたら、返済が厳しくなるかもしれない」という〝気配〟を逃さないようにして、早めに対処しましょう。

CHECK!

奨学金頼みは子供に重い十字架を背負わせる

奨学金の債務者は親ではなく、子ども本人です。大学４年間の平均貸与総額は約300万円。卒業と同時にこれだけの借金を背負い、だいたい30代半ばまでかけて、毎月返済していくことになります。

ある調査によると約４割の人が返済を「苦しい」と感じています。なかには、奨学金も借金ですから、自分が住宅ローンを組もうとしたとき、審査に通らないケースもあります。

こんなことになる前に借り換えを！

□ クレジットカード・携帯料金・税金などの延滞・遅延

延滞はもちろんのこと、遅延等も「だらしない人」と判断されて審査にマイナス。携帯料金に含まれる機種代はクレジット契約なので要注意。

□ 子どもが私立の学校に入学するなど生活コストの増大

「来年は給与が上がるだろう」「がんばれば何とかなるだろう」など、「だろう」は要注意。事が起こる前に手を打つのが鉄則。

□ キャッシング枠の利用・拡大

特に消費者金融などからの借り入れは避ける。審査前に完済した場合も、履歴およびキャッシング枠が残っているだけでマイナス。

□ 会社の業績悪化

勤務先と付き合いのある銀行にローンを申し込んだ場合、会社の業績も丸裸。結果、審査に通らないことも。

第4章

銀行は教えてくれない！

借り換えローンの正しい商品選び

4-1
選び方の心得①

「諸費用」「サービス」も大事だが、「金利」ファーストで考える

たとえ諸費用が無料でも金利のほうが圧倒的に重要

この章では、**ランキングサイトや借り換えシミュレーションを活用し、自分にとってベストなローンを選ぶ方法**について解説していきます。

ローンを選ぼうとランキングサイトなどを見ても、情報が多すぎて何に注目すべきなのか、わからない人は多いと思います。

優先すべきは「金利」なのか、「諸費用」なのか、それとも保険やポイントプレゼント、振込手数料無料などの「サービス」なのか、見ているだけではよくわかりません。

金利は低ければおトクなのはわかりますが、それがどれくらいトクなのか、今一つピンとこないのではないでしょうか。

その結果、

「金利もまあまあ安いし、繰り上げ返済の手数料がタダだからおトク」

「8大疾病保険付団信が無料なんて、すごいサービス」

「系列のスーパーで使えるポイントがもらえておトク」

と、目に見えるわかりやすい部分で損得を判断しがちです。

しかし、そこが大きな落とし穴。ローン選びで最優先すべきは、言うまでもなく「金利」です。

一般にトータルコストのうち、諸費用の占める割合は3％程度です。

それに対し、金利（支払利息）は振れ幅次第ですが、残高3000万円とすると、残存期間やその後の金利推移によっても異なりますが、3～75％もの割合を占めます。じつに諸費用の1～24倍以上です。

たとえば、残債3000万円で残りの返済期間が20年だとすると、金

利用するランキングサイトで「商品選び」は難しくも、簡単にもなる!

●「ダイヤモンド・ザイ・オンライン」のランキングサイト(http://diamond.jp/zai)

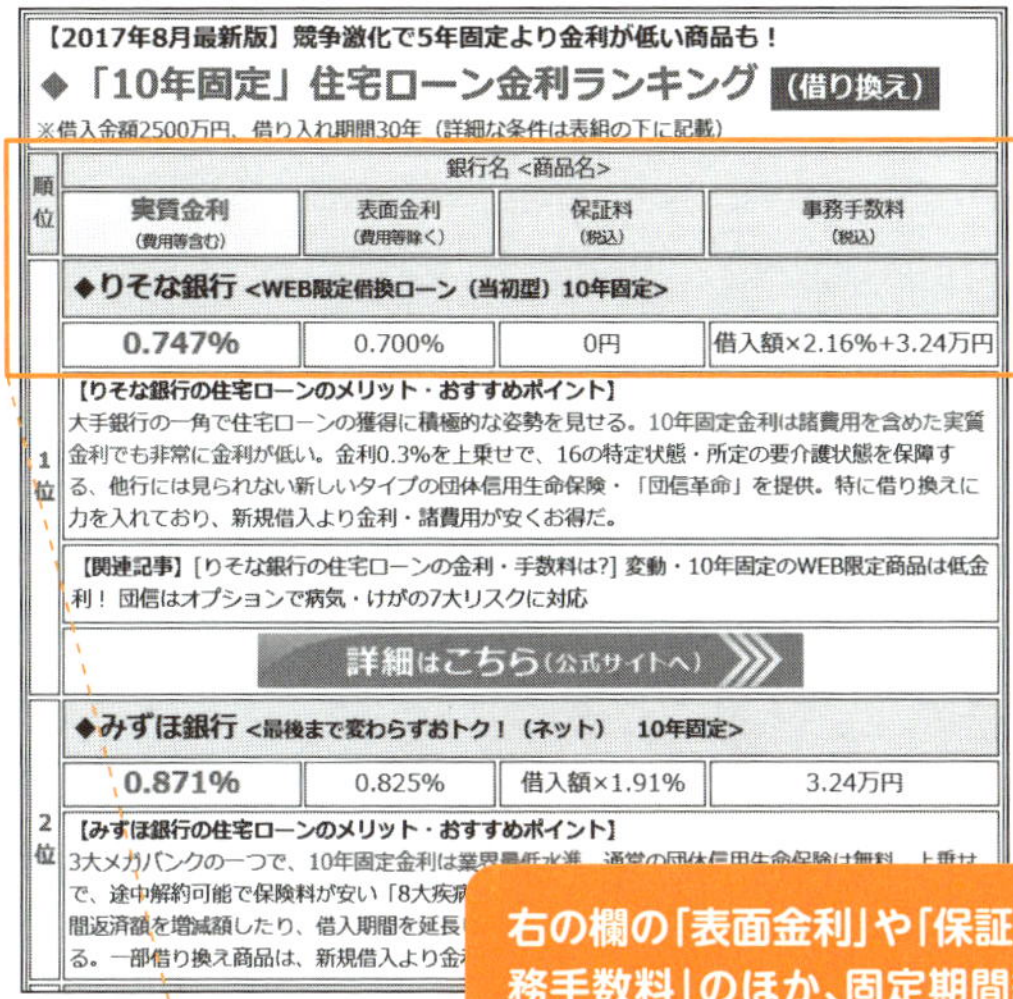
【2017年8月最新版】競争激化で5年固定より金利が低い商品も!

◆「10年固定」住宅ローン金利ランキング (借り換え)

※借入金額2500万円、借り入れ期間30年(詳細な条件は表組の下に記載)

順位	実質金利(費用等含む)	表面金利(費用等除く)	保証料(税込)	事務手数料(税込)
1位	◆りそな銀行 <WEB限定借換ローン(当初型)10年固定>			
	0.747%	0.700%	0円	借入額×2.16%+3.24万円
2位	◆みずほ銀行 <最後まで変わらずおトク!(ネット) 10年固定>			
	0.871%	0.825%	借入額×1.91%	3.24万円

【りそな銀行の住宅ローンのメリット・おすすめポイント】
大手銀行の一角で住宅ローンの獲得に積極的な姿勢を見せる。10年固定金利は諸費用を含めた実質金利でも非常に金利が低い。金利0.3%を上乗せで、16の特定状態・所定の要介護状態を保障する、他行には見られない新しいタイプの団体信用生命保険・「団信革命」を提供。特に借り換えに力を入れており、新規借入より金利・諸費用が安くお得だ。

【関連記事】[りそな銀行の住宅ローンの金利・手数料は?] 変動・10年固定のWEB限定商品は低金利! 団信はオプションで病気・けがの7大リスクに対応

詳細はこちら(公式サイトへ)

【みずほ銀行の住宅ローンのメリット・おすすめポイント】
3大メガバンクの一つで、10年固定金利は業界最低水準 …
で、途中解約可能で保険料が安い「8大疾病…
間返済額を増減額したり、借入期間を延長…
る。一部借り換え商品は、新規借入より金…

ランキングサイトの使い方については、P102で解説!

右の欄の「表面金利」や「保証料」「事務手数料」のほか、固定期間終了後の金利上昇分も含めた金利を表示。商品の実態がひと目でわかる!

詳しくはP102へ

実質金利(費用等含む)	表面金利(費用等除く)	保証料(税込)	事務手数料(税込)
◆りそな銀行 <WEB限定借換ローン(当初型)10年固定>			
0.747%	0.700%	0円	借入額×2.16%+3.24万円

⬍

●一般的なランキングサイトの比較項目

適用(表面)金利	保証料	事務手数料	繰上返済手数料
0.700%	0円	借入額×2.16%+3.24万円	0円

目先の表面金利だけ強調されていて、銀行の広告と変わらない!

P74参照

各項目を総合して比較しにくいので、他の商品とどちらがトクなのか、ひと目でわからない。固定期間終了後の金利上昇分も加味されていない!

借り換えの商品を比較するにあたって、些末な情報がトクをするように掲載されているため、惑わされやすい!

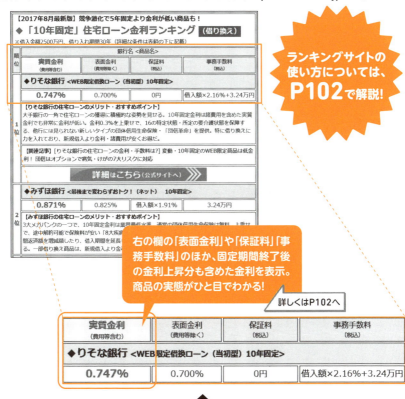

利差1%で約320万円も総返済額が変わってきます。

0・1%の金利差でも、32万円もの違いが出るのです。

仮に同条件で、諸費用において100万円トクしても、金利が0・3%高いだけで、その差は埋まってしまいます。

つまり、何をおいても圧倒的に大事なのは「金利」です。

では、なぜ多くの人が意外にも金利について〝まあまあ〟で妥協してしまうのでしょうか。

理由ははっきりしています。金利は自分で計算してみないと、具体的にいくらトクするのか、損するのかがわからないからです。

だから、金利が少し高くても、何となく手数料が安かったり、繰上返済手数料がタダだったりするほうが、おトクに思えてしまうのです。

97ページに金利差でどれくらい毎月返済額や総返済額に差が出るのか、表にしていますが、これを見れば、安い金利を選ぶ大切さは一目瞭然ですよね？

ですから、「保証料がタダだから」という理由でローンを選んだり、逆に「手数料が高すぎる」という理由で敬遠したりしないようにしましょう。

あくまで**金利を最優先して商品の当たりをつけ、そのうえで諸費用などの詳細をチェックしていくのが基本**です。

「ポイント」や「保険」より やはり「金利」が大事

では、「金利」と「サービス」とは、どう比較すべきでしょうか。

たとえば、繰上返済手数料が無料になっていることも少なくありませんが、かかってもせいぜい一回につき1・5万〜5・5万円程度のサービスです。ですから、よほど頻繁に繰り上げ返済を行わない限り、金利差0・1%のほうが断然重要なことがおわかりになると思います。

また、

「がん保険付き」

「系列スーパーのポイントがつき、5年間5%オフで買い物ができる」

「携帯電話料金などとのセット割りやキャッシュバック」

などなど、各銀行とも多彩な付帯サービスで競っていますが、どれもダイレクトに金額が算出しにくいものばかりです。「がん保険」と「キャッシュバック」のどちらがトクかなんて、比較しようがありません。

そのため、私は**「サービスの検討は、一番後回しでOK」**だと考えています。

団体信用生命保険（団信）についても同様で、多くの銀行で保険料を銀行負担としていますが、その際に「一般団信」ではなく「がん保険特約付き」に入れる、さらには「8大疾病保障付き」に入れるほうがかなりおトクに思えるかもしれません。

しかし、国立がん研究センターの統計によれば、現在40歳の男性が10年後に癌と診断される割合はたった2％。50歳でも6％です。

よく、一生のうちに癌と診断される確率は2人に1人といわれますが、癌は50歳代から罹患率が上昇し、高齢になるほど高くなるため、住宅ローン返済中の働き盛りで癌になる可能性はそう高くありません。

もちろん、金利が同じなら8大疾病保障特約付きの団信のほうがおトクですが、そもそも無料で提供できるということは、口には出さないものの、もともと金利に上乗せしているか、めったに利用されることのないものだからでしょう。やはり「金利ありき」で考えるべきなのです。

このほかにも、イオン銀行では2000万円以上の借り入れで、年間最大で90万円までの買い物が、5年間5％オフになるというサービスを行っています。5年間で最大22万5000円です。

たしかに魅力的ですが、前記のように、残債3000万円で残りの返済期間が20年なら、0・1％の金利差で32万円安くなります。

銀行ATMの時間外手数料や振込手数料がおトクになるというのも同じで、108円の振り込みを月に5回、年間60回無料になっても、たった6480円です。

金利選びに力を注いだほうが何倍も意味があります。

ローン選びの第一優先は「金利」

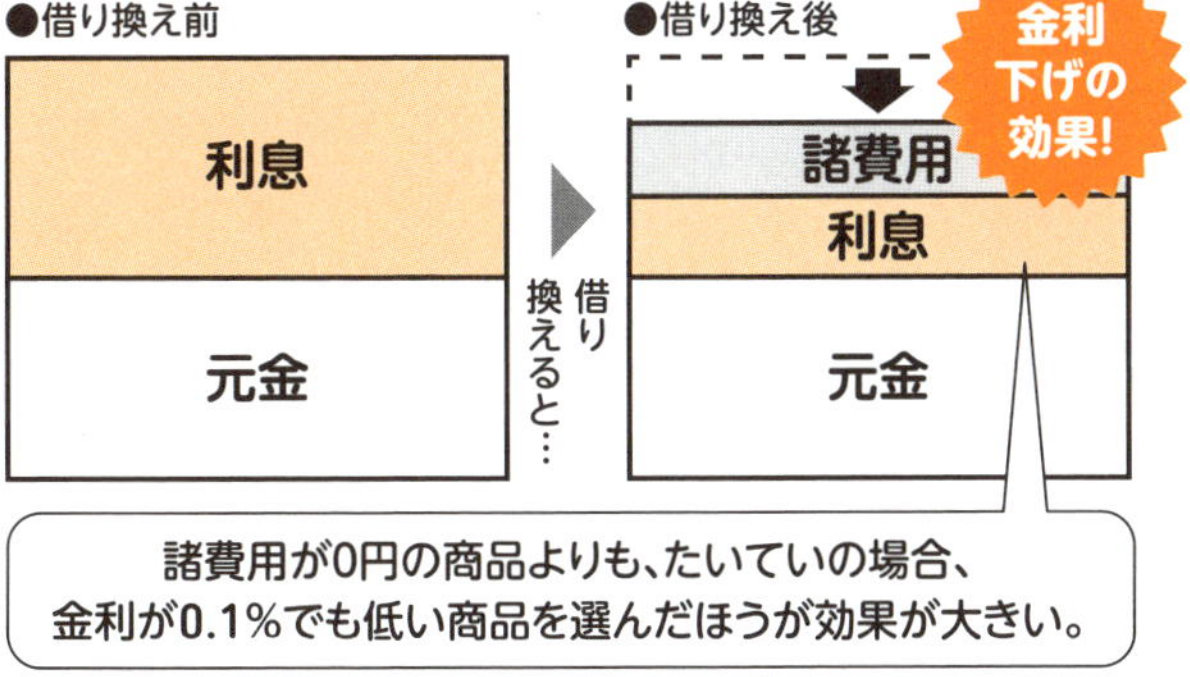

諸費用が0円の商品よりも、たいていの場合、金利が0.1%でも低い商品を選んだほうが効果が大きい。

当初金利に惑わされず、トータルコストに目を向ける

諸費用なども加味した「トータルコスト」が重要

前項で金利が第一優先だとお話ししました。しかし、その金利にもいろいろな仕掛けがあるので注意が必要です。

たとえば、銀行のサイトやランキングサイトを眺めていると、「10年固定0・58％！」といったように魅力的な金利が大きく打ち出されています。

けれども、こうした固定期間選択型の商品の場合、**「当初金利」だけで良し悪しを判断してはいけません。固定期間終了後の金利も考えないと、本当に金利でトクするのかどうかわからない**からです。

また、極端に当初金利を下げている商品の場合、諸費用がかなり割高に設定されているものがあります。

そのため、金利を目安にしつつも、商品の価値を正しく判断するには、**「元本＋当初固定期間の利息＋諸費用＋固定期間終了後の利息」を合わせた「トータルコスト（≒実質金利）」で比較**しなければなりません。

たとえば、ソニー銀行には「変動セレクト住宅ローン」と「住宅ローン」（商品名です）という大きく2タイプの借り換えローンがあります。

この2タイプそれぞれに、変動金利と固定金利が用意されていますが、ここでは変動金利について見てみましょう。

「変動セレクト」の場合、変動金利は0・549％、手数料は借入額×2・16％（借入額3000万円なら、64万8000円）。

これに対し、「住宅ローン」は変動金利0・849％とやや金利が割高ですが、手数料は借入額にかかわら

ず、一律4万3200円と低く設定されています。

さて、同じ借入額3000万円を借入期間30年で借り入れる場合、どちらがおトクか、すぐにわかりますか？　わからない人が大多数だと思います（答えは下の表のとおりです）。

だからこそ、トータルコストでの比較が大切になるのです。

では続いて、トータルコストを構成する元本と当初利息以外の要素について詳しく見ていきましょう。

まず諸費用ですが、大きく2つに分かれます。

諸費用①タイプの見きわめが大事「手数料、保証料」

諸費用のうち、手数料と保証料は各銀行のホームページを見れば記載されていますが、計算の仕方や額がまちまちで、割安なのか割高なのかひと目で判断がつきません。

そこで本書では、諸費用を代表的な3つのタイプに分類しました（一部、これから外れる銀行もあります）。

A：メガバンクに多い「王道タイプ」

メガバンクが中心。手数料3万2400円、保証料は借入額×2・06%でほぼ横並びです。

残存期間に応じて保証料が減っていく方式を採用している銀行が多いので、借入額が少ない人はおトクになるケースがよく見られます。

B：ネット銀行に多い「見かけに騙されるなタイプ」

ネット銀行が中心。金利が安く、手数料も無料のことが多いのですが、手

ソニー銀行「変動セレクト」「住宅ローン」で借りた場合の総支払額の違い

●借入金額3000万円、返済期間30年、変動金利、元利均等払い
※借入期間中、金利の変動はなかったものとして計算

商品タイプ	金利（変動）	手数料	支払利息総額	トータルコスト
変動セレクト住宅ローン	0.549%	648,000円	2,544,937円	3,192,937円
住宅ローン	0.849%	43,200円	3,992,860円	4,036,060円

手数料では「変動セレクト住宅ローン」のほうが約60万円もかかるが、金利が0.3%低いだけで、30年間のトータルコストでは約84万円もトクをする！

数料は借入金額に連動し、銀行にもよりますが、2・16％と高めに設定しているところもあります。

ちなみにフラット35を扱う会社の中では、株式会社優良住宅ローンの場合、手数料が借入額×0・66％、保証料0円と低めに設定されています。

借入額3000万円なら、手数料は19万8000円です。

C：フラット35など「定額ポッキリタイプ」

手数料は一律定額、保証料なしという裏表のない明朗会計。ソニー銀行や楽天、フラット35がこのタイプです。

銀行によって異なりますが、手数料はソニー銀行4万3200円、新生銀行5万4000円、楽天銀行32万4000円と、総じて安く抑えられています。

諸費用②フラット35は注意「団体信用生命保険料（団信）」

民間の銀行の住宅ローンでは、団体信用生命保険（団信）の保険料は金利に含まれているため、意識する必要はありません。

一方、半官半民の住宅ローンである「フラット35」では、団信への加入が義務付けられていません。

そのため、団信なしの商品に入る場合、そのぶんを金利に上乗せして考えないと、他の商品との比較ができないことになります。

ちなみにフラット35で団信に加入する場合、これまで保険料は、金利には含まず、年1回、借入残高×0・358％の支払いが一般的でした。

しかし、2017年10月1日から、民間の銀行と同じように金利に含まれることになりますので、諸費用として意識する必要はなくなります。

上昇リスクあり！「固定期間終了後の金利」

人気の10年固定金利の場合、注意すべきは固定期間終了後の金利です。**借入期間30年なら、当初の10年間より、残り20年間の金利のほうがはるかに大切**なのに、多くの人がそのことに気づいていません。

固定期間終了後は何も手続きしなければ変動金利に移行しますが、その際に金利優遇幅が小さくなる商品があります。

ところが、銀行は金利が上昇する情報をわかりにくく表示していることが多く、大多数の人がどれだけ金利が上昇するのか、把握していません。

この固定期間終了後の金利も含めて比較しないと、本当におトクなローンかどうかは判断できません。

たとえば、住信SBIネット銀行の10年固定の金利（当初引下げプラン・借換え）は0・66%。固定期間終了後の11年目以降に変動金利を選択した場合、優遇幅は▲0・7%になっています。

その場合、今後も変動金利の基準が現在の水準2・775%をキープしたとして、適用される金利は、2・775－0・7＝2・075%。変動金利に切り替わるのだから金利は安くなると思っていたら、逆に1・415%高くなってしまうのです。

仮に3000万円を返済期間30年で借りた場合、総返済額は約3627万円（毎月返済額は当初10年間9万1878円、11年目以降10万5210円）になります。

これをみずほ銀行の30年固定と比べてみましょう。金利1・180%で、保証料や手数料も併せたトータルコストは約3660万円。なんと先の住信SBIネット銀行の10年固定とほとんど変わりません。

返済終了まで一切金利のことは気にせず過ごすのか。それとも、変動金利の金利上昇リスクにおびえながら過ごすのか。

判断は人それぞれですが、毎月変動金利をチェックできるマメな人はそういないことを考えると、当初の返済額の差が重要でなければ、**30年固定を選んでもいい**と私は思います。

このように**トータルコストで比較することで、リスクも正確にお金に換算して考えられる**のです。

CHECK!

住宅ローン控除は借り換えでどうなる？

ご存知のとおり、住宅ローン控除は、居住開始の年から一定期間、年末の住宅ローン借入残高（元金）の一定割合が所得税から控除されるものです。

結論からいえば、借り換えても住宅ローン控除は受けられます。控除期間は、借り換え時点で残りの控除期間が7年であれば、借り換え後の控除期間も7年です。

会社員の場合、銀行から10～11月に送られてくる「年末残高の証明書」を会社に提出すれば、年末調整で処理してもらえます（未提出の場合、自分で確定申告が必要）。

なお、借り換え時の繰り上げ返済により、借り換え後の借入額が借り換え前と同じか、少ない場合は、そのまま住宅ローンの年末残高が控除対象額に。一方、諸費用なども含めて借りたため、借り換え後のほうが、借入額が増えている場合は、「借り換え後の住宅ローン年末残高×（借り換え前の住宅ローン残高÷借り換え後の住宅ローン金額）」で求めます。

4-3
選び方の心得③

金利4%でリスクシナリオをシミュレーションする

変動金利は8%まで上昇する可能性も

前項では、固定期間終了後に「変動金利が今後も現在の水準をキープしたとして」トータルコストのシミュレーションを行いました。

しかし、もうお気づきのように、これには「将来の金利上昇リスク」が一切含まれていません。リスクを想定せずに行き当たりばったりで何千万円もの借り換えをするのは恐ろしいことです。

たとえば、**借入金額4000万円、返済期間35年、当初10年固定金利1%のとき、初めの10年間の毎月返済額は11万2914円ですが、変動金利に切り替わる11年目に、金利が1%上がって2%になったとします。すると、毎月返済額は12万6990円となり、約1万4000円アップ**します。

もし、これが1%ではなく、2%、3%ならと考えると、空恐ろしくなりますよね。

といっても、過去に変動金利は8%まで上昇したことがあり、どこまでリスク計算をすればいいのか悩みどころです。

金利は緩やかに上昇したと思ったらいきなり跳ね上がったりするなど、その時々でさまざまな動きをします。**20~30年間にわたる金利予測を高い精度で行うことは専門家でも不可能です。**

銀行にお願いしても金利の変動パターンはなかなか作ってくれず、「わかりません」「お客さまご自身でご判断ください」と言われるだけです。

そのため、将来の金利変動は自分で考えなくてはならないのですが、前記のとおり、専門家でも予測できないものを、一般の人が行えるわけがありません。

しかも、シミュレーションも本気でやろうと思えば、何十パターンにもなります。仮にそこまで頑張ったとしても、当たるとは限らないのです。もはやこれでは、シミュレーションをする意味がありません。

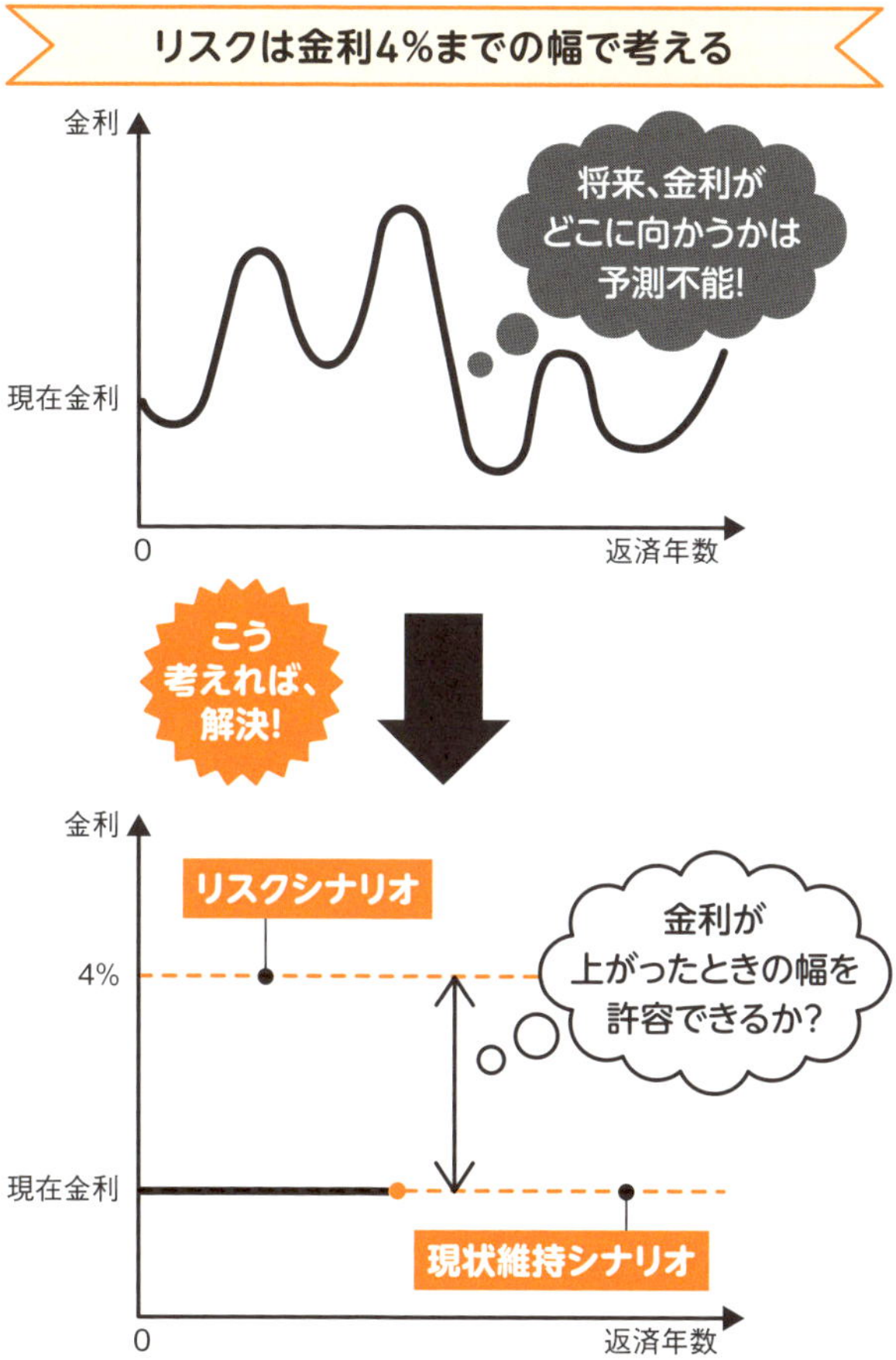

無駄な金利予想より リスクを「幅」で考える

金利をあれこれ予想しようとするのは、手間がかかるわりには報われず、メリットは大きくありません。

しかも、金利をどう予想していますか？　と私はよく自分のお客さまに質問するのですが、みなさん、例外なく「ニュースで金利はしばらく上がらないって言ってたから」と、金利変動リスクを実際には負わない人たちの意見を参考にしています。

でも、彼らにとって金利変動リスクなど他人事にすぎません。本気であなたのローンのリスクについて考えるのは、あなた自身しかいないのです。

そこで発想を変え、**リスクを金利予測で測るのではなく、「自身のダメ**

ージの許容範囲はどれくらいか」を具体的な数字で把握することで判断してみましょう。

「現状維持シナリオ」と「リスクシナリオ」の2パターンで試算

私は**シミュレーションを「現在の金利水準」と「店頭金利4％」の2パターンで行うことをおすすめしています。「現状維持シナリオ」と「リスクシナリオ」の2パターン**です。

この4％は、もちろん適当に決めた数字ではありません。

バブル期は8％まで上昇したとはいえ、さすがにその可能性は少ないと思います。一方で、金利がこれ以上、下がることも、この超低金利下では考えにくいことです。

そこで、過去32年の変動金利の平均値は4％ほどなので、将来の平均的な変動金利は、店頭金利であれば、4％に落ち着く可能性があると考えています。

現実には2％になるときもあれば、6％になるときもあるかもしれませんが、十分に起こり得るリスクとして、4％になったときでも、住宅ローン返済が家計にとって負担にならないかを、目に見える形で把握しておくことが重要だと考えるからです。

93ページで取り上げた住信SBIネット銀行（借入金額3000万円、返済期間30年）の10年固定金利の固定期間終了後の店頭金利を4％（優遇幅▲0・7％、適用金利3・3％）で計算すると、総返済額は3926万円、（毎月返済額は当初10年間9万1878円、11年目以降11万7662円）になります。

つまり、現在の水準＝2・775％で計算した11年目以降の月々返済額の振れ幅は、10万5210円（93ページ参照）から11万7662円となります。

この「幅」の範囲なら、金利が上がっても耐えられるのかどうかが、借りてもいいかどうかの一つの目安になります。

とはいえ、この本の読者のみなさんはすでに借りてしまっているわけですから、今よりリスクが下がるのであれば、借り換え自体を躊躇する必要はありません。

ただ、そうした場合に備えて、**日頃から余計に貯金などをしておくことが大切ですし、できるだけ長期間固定で借りるほうがリスク管理とのバランスはよいことになります。**

逆に金利4％に上昇しても耐えら

れるならば、金利をより低く抑えるため、変動金利で借り換えを行うことを考えてもよいでしょう。

これは何も特別なことではなく、私たちが普段からやっていることです。「待ち合わせ場所に、余裕を持って着くなら1時間半前に、遅くとも1時間前には出発する」と幅を持って行動をコントロールしています。

ときに「5分程度の遅刻ならいいだろう」と甘い考えを持つこともありますが、そうした判断や行動は、家計では禁物です。

最悪のパターンも想定しておけば、普段からそれに備えて貯蓄を増やそうと努力するなど、行動も変わってくるはずです。

変動金利の住宅ローンを選ぶときも、同じような姿勢で臨むことが大切です。

金利が1％上がると、毎月の返済額はこれだけ変わる！

●借入金額（残債）3000万円、返済期間25年、元利均等払い

※借入期間中、金利の変動はなかったものとして計算

金利	毎月返済額	金利1％のときに比べた毎月返済額のアップ額	総返済額	支払利息総額
1.00%	113,061円	0円	33,918,377円	3,918,377円
2.00%	127,156円	14,095円	38,146,723円	8,146,723円
3.00%	142,263円	29,202円	42,678,858円	12,678,858円
4.00%	158,351円	45,290円	47,505,076円	17,505,076円
5.00%	175,377円	62,316円	52,612,826円	22,612,826円

**このケースの場合、金利が4％上がると、毎月返済額は約6.2万円もアップ！
低金利の今だからこそ、将来の金利上昇リスクも念頭に
バランスの取れた商品を選びたい。**

4-4

選び方の心得④

銀行が仕掛ける罠を回避する

トータルコストを把握されたくない銀行

第2章でも軽く触れたように、銀行は、さまざまな罠を仕掛け、ローン選びを複雑にしています。

その理由は、トータルコストを把握されてしまえば、簡単に商品を比較されてしまうからです。

そのため、重要なことはわかりにくく表示する一方で、安くしても経営に影響しない繰上返済手数料などは、無料にしたり値下げしたりして目立つ場所に明示し、私たちの心をつかもうと必死で罠を仕掛けているのです。

銀行の罠は、トータルコストをいかに把握させず、他行のローンと比較検討させないか、というたくらみに起因するものだと推測されます。

よくあるのが、92ページで紹介したように、**固定期間選択型商品の当初金利をあえて低く設定し、固定期間終了後の変動金利の優遇幅を小さくしているパターン**。また、金利が安かったり、手数料が無料だったりする場合には、保証料が高額なこともめずらしくありません。

銀行のサイトにあるシミュレーションを使えば、トータルコストの計算は簡単にできますが、当初金利が安かったり、手数料が無料だったりすると、それに目を奪われて、なかなか頭が回らないものです。

特に注意が必要な優遇金利の罠

さらに、一番引っかかっている人が多いと思われるのが、優遇金利の罠です。

変動金利は年2回、金利が見直されるのだから、金利が下がれば返済額が減る、と思っていませんか？　しかし、これが罠なんです。

　銀行が競って下げているのは「優遇金利」。一般に、銀行のサイトなどで大きく表示されている金利は、店頭金利（基準金利）から優遇幅を差し引いた、「表面金利（適用金利）」と呼ばれている金利です。

　たとえば、下図のように、三井住友銀行の2008年9月の変動金利は、店頭金利2・875％－優遇幅1・000％＝表面金利1・875％でした。

　それが、2012年9月には、店頭金利が2・475％と0・4％下がっただけでなく、優遇幅が1・600％に拡大。表面金利は0・875％まで下がりました。

　マイナス金利導入後の2017年7月現在、さらに優遇幅が1・850％まで広がり、表面金利は0・625％となっています。

　注目すべきは、**店頭金利は2012年以降、変わっていない**ことです。**今の超低金利は、優遇幅が大きいことで実現しているものであり、店頭金利が下がっているわけではない**のです。

　そのため、世間がどれほど低金利だと騒いでいても、すでに借り入れているあなたの場合、店頭金利が下がらない限り、金利低下の恩恵は受けられないのです。そして、その店頭金利は前述のように2012年以降、2・475％のままです。

　ですから、もしあなたが現在の住宅ローンを変動金利で借りていて、**「変動金利は変動するのだから、以前より低金利になっているはず」と考えているなら、大間違い**です。さっさと、低金利のおトクなローンに借り換えましょう。

　見方を変えれば、優遇幅というのは、すでに変動金利で住宅ローンを借りた既存顧客に、今後さらに金利が低下した場合にそのメリットを享受させないための罠なのです。

今の低金利は「優遇幅」が決めている！

●「変動金利」と「表面金利」の動き（三井住友銀行の例）

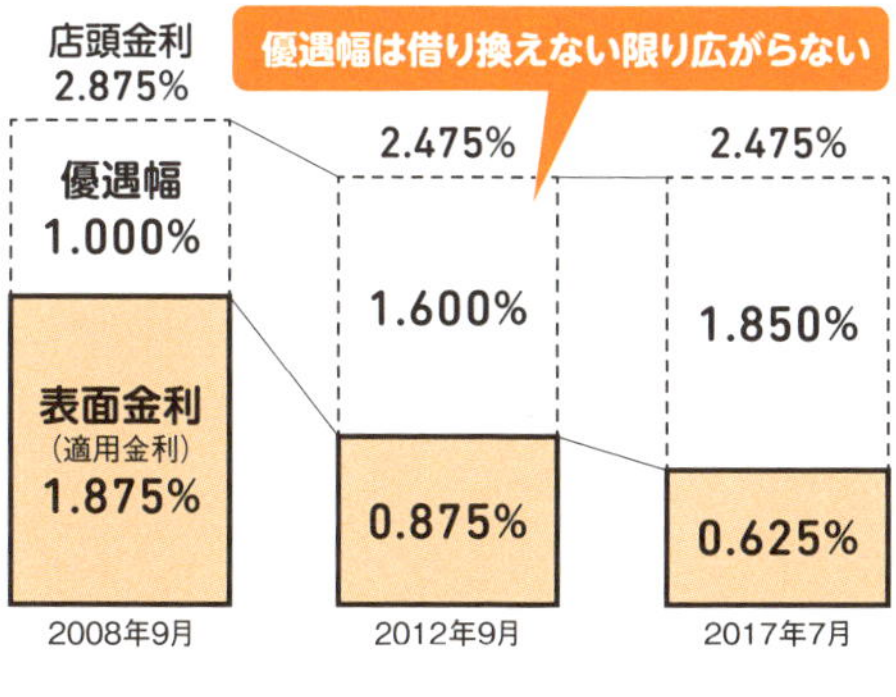

4-5 ローン選びの実践①

STEP1 自分にベストな金利タイプを選ぶ

超低金利下の今は全期間固定を基本に考える

それでは、いよいよ実際のローン選びです。

まず、すべきことは、「変動金利」「10年固定」「35年固定金利」などの中から、自分にベストな金利タイプを選ぶことです。

なぜならば、ランキングサイトで金利をチェックするにしても、金利タイプが決まってないと、すべてチェックしなければならないからです。

左ページのグラフのように、過去の金利推移を見ていくと、金利水準は4つのゾーンに分けられます。

そして、現在の金利水準がどこに位置しているかによって、ある程度、おすすめの金利タイプは決まってきます。

- **超低金利ゾーン**
  ↓固定金利が割安でおトク
- **低金利ゾーン**
  ↓悩みつつも固定金利
- **中金利ゾーン**
  ↓固定主体のミックス金利
- **高金利ゾーン**
  ↓変動主体のミックス金利

現在は言うまでもなく、異常な超低金利下に突入している「超低金利ゾーン」です。そのため、**あえて金利上昇リスクを冒して変動金利を選ぶ必要性は薄く**なっています。

金利上昇リスクのある変動金利で借りている人はもちろん、全期間固定や期間固定型の金利で借りていた人が、新たに全期間固定や10年固定に借り換えても、総返済額を十分に減額できるからです。

固定タイプの金利を選んでも、コ

ストダウトと金利上昇リスクへの備えが同時に実現するという夢のようなチャンスが今なのです。

そのため、**「金利が上昇しても、間違いなく返済できる資金的なゆとりのある人」以外は、全期間固定から検討することをおすすめ**します。

とはいえ、残りの返済期間が少ない場合には、変動金利型や固定期間選択型などの選択肢もあります。

シミュレーションの結果、コストがあまり下がらないため、「多少リスクを取っても、コストを減らしたい」というのであれば、「20年固定」もしくは「10年固定」を選択する手もあります。

いずれにしても、まずは全期間固定から検討を始め、シミュレーションの結果に応じて、他の金利タイプも考えていくのがいいでしょう。

金利ゾーンとおすすめの金利タイプ

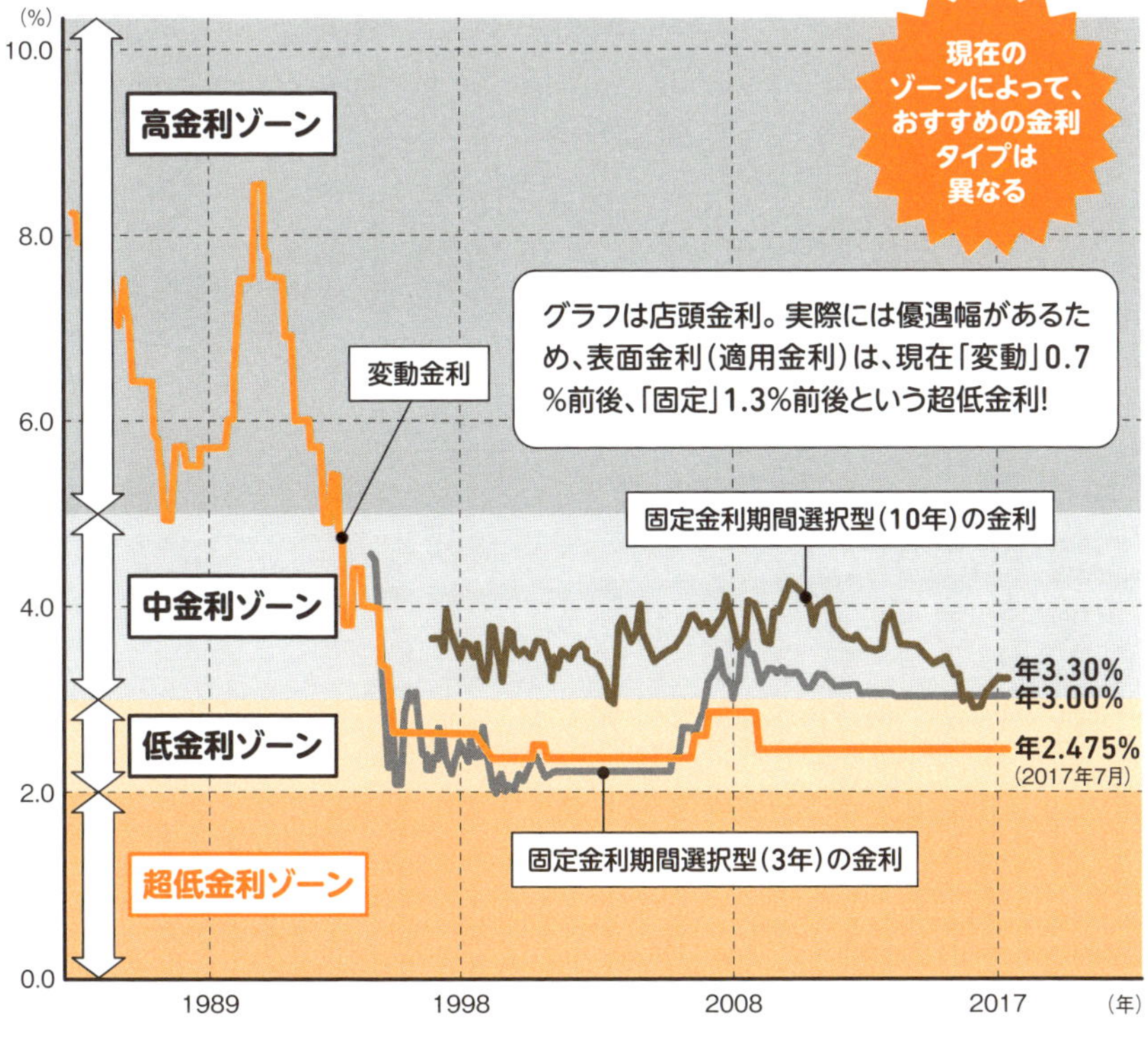

※主要都市銀行のHP等により集計した金利(中央値)を掲載。なお、「変動金利」は昭和59年以降、「固定金利期間選択型(3年)の金利」は平成7年以降、「固定金利期間選択型(10年)の金利」は平成9年以降のデータを掲載。(出自:住宅金融支援機構)

4-6
ローン選びの実践②

STEP② ザイ・オンラインのランキングを活用して、商品を絞り込む

楽天銀行のランクインの有無で良心的かどうかわかる

ベストな金利を探すのに最適なのが「ダイヤモンド・ザイ・オンライン」（http://diamond.jp/zai）のランキングです。

79ページでも解説したように、ランキングサイトの大半は、掲載されている銀行から広告料を得ているアフィリエイトサイトです。

広告料をもらって掲載するのが悪いわけではありませんが、問題はそれ以外の本当におトクな商品を揃えている銀行が、ランキングに登場してないことにあります。

広告料の有無に関わらず、フェアなランキングかどうかの見極めに役立つのが「楽天銀行の変動金利が掲載されているかどうか」です。

同じ楽天銀行でも、フラット35はよくランクインしていますが、変動金利については、どのランキングにもめったにランクインしていません。現状、金利や手数料などを総合的に見ると、超割安なのにです。広告料などをかけていないから、割安のローンを提供できているともいえます。

ザイ・オンラインは実質金利で比較でき優秀

その点、「ザイ・オンライン」は広告料の有無にかかわらず、「実質金利」を基準にランキングを作成しているため、本当におトクなローンを選ぶことができるのです。

実質金利とは、銀行が表示している「見かけの金利（表面金利）」に、諸費用や団信、固定期間終了後の金利上昇分など、住宅ローンを借りる際に生じるコストをすべてプラスして算出した「本当の金利」です。

借り換えは、この実質金利を参考にするのが、もっとも賢いやり方です。**実質金利のランキングを参考に商品を決定し、その商品の諸費用を確認します。あとは「借入額」「返済期間」「返済タイプ」などを決めれば、シミュレーションサイトなどを使って、あっという間にトータルコストを計算**できてしまうのです。

そして何よりザイ・オンラインの優れた点は、この実質金利でランク付けを行っているため、**何百もある商品のトータルコストによる比較が完了している**点です。

極論すれば、ランキング1位の商品とあなたの現在の住宅ローンを比較して、十分なメリットが出ることが確認できれば、そこから借り換えを申し込んでいけばいいことになります。

表面金利と実質金利とトータルコスト

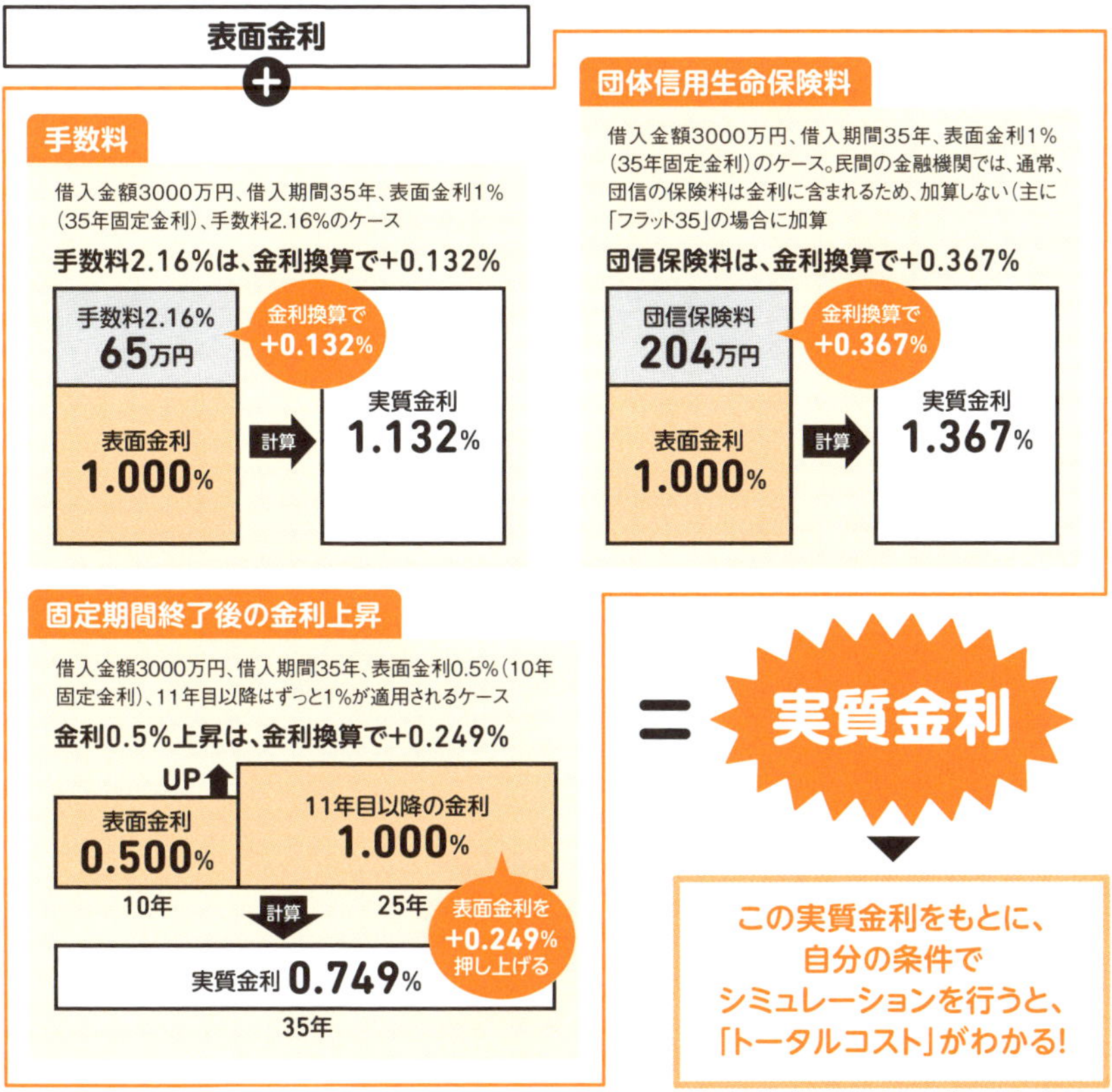

ただ現実には、後述するように、ランク付けをした際の条件設定と、あなたの条件が合致するわけではないので（借入期間が違うなど）、「ランキングの順位＝自分にベストな商品」とは言い切れませんが、およその考え方としてはそうなります。

もし実質金利によるランキングがわからないとしたら、「いいな！」と思ったローンすべてについて、自分で手数料や保証料を調べて、トータルコストを計算しなければなりません（しかも、将来の金利上昇リスクも加味しなければなりません）。

この「実質金利」は、アメリカでは一般的に使われている指標です。住宅ローンの貸し手が住宅ローンの借り手に対して提示することが義務づけられています。

日本では、金融庁が「実質金利」の表示についてルールを設けておらず、貸金業者には別の計算方法で実質年率というもの表示が義務づけられているだけです。銀行では、このような実質金利を表示していません。

そこでザイ・オンラインでは、私がみなさんに代わって、銀行18行をリサーチ。**「35年固定」「10年固定」「5年固定」「変動」「リフォーム一括」の金利タイプ別に整理して、各商品の実質金利を算出**し、毎月ランキング化して更新しています。

シミュレーションして初めて最適なローンがわかる

では、ザイ・オンラインのランキングを使って、具体的な住宅ローン商品をどうピックアップしていくかについて見ていきましょう。

まず、「35年固定」「10年固定」「5年固定」「変動」「リフォーム一括」と金利タイプ別になっているランキングのうち、自分の金利タイプのページを開きます。

実質金利のランキングなので、まずは各金利タイプのランキング1位をピックアップし、シミュレーションにかけてみましょう。

その目的は、金利タイプごとのリスクチェックです。変動金利の店頭金利が4％まで上昇した場合を試算し、家計に及ぼす影響をチェックします。家計にとって、金利上昇の影響が小さいと感じるなら、どの金利タイプを選択しても構いませんが、もし金利が上昇したら返済が困難になるなど、少しでも心配があるなら、選択すべきではありません。

こうしてリスクの抑えられた商品を選択して申し込むという手順で進

められれば簡単なのですが、話はそう単純ではありません。というのも、ザイ・オンラインの実質金利は「借入2500万円、返済期間30年」で計算したものであり、あなた自身の残債や残りの返済期間とは条件が違っているからです。

たとえば、10年固定金利のランキングでは、返済期間30年で考えていますから、「10年間は固定金利、残り20年間は変動金利」で、実質金利を計算しています。

しかし、あなたの残りの返済期間が15年だった場合、変動金利の期間は5年間に減りますから、単純に考えれば実質金利は変化し、トータルコストも変わります。

ですから、自分にとって最も安いローンを探し当てるには、実質金利のランキングを目安に商品を絞り込んだ後、実際に自分の条件でシミュレーションしたトータルコストで比較することが大切になるのです。

上位は審査に通りにくい だから下位も見逃すな！

また、次の2点についても注意が必要です。

銀行は、固定金利をほぼ毎月、変動金利を4月と10月の年2回見直しています。わずかでも金利が変われば順位はすぐ入れ替わります。ですから、月が変わるごとに、最新のランキングをチェックしてください。

さらに、第6章で詳しく触れますが、残念ながら、あなたの希望する最安値の金利の商品がすんなり審査を通過する可能性は高くありません。

というのは、金利が安いローンを提供している銀行は、申し込みが多いため、審査は上から目線（笑）。公務員や一部上場企業勤務でない場合には、審査に通ったとしても、満額回答でないこともあるからです。

そのため、**第3候補くらいまでまとめて申し込みをするのが借り換えの効率的な手順**です。

商品ごとに特色が異なる住宅ローンでは、「ローン選び＝銀行選びではない」とお話ししましたが、審査に通りやすい、通りにくいなど、審査基準や審査にかかる時間などについては、銀行ごとに傾向があります。

そこで、106ページに、借り換えで人気の上位15行について、ローン商品や金利のつけ方の傾向、審査の通りやすさなどについてのリストを作成しました。ぜひローン選びの参考にしてください。

※比較は筆者の経験等により行っていますので、あくまで参考としてお考えください。

	目玉商品	要注意商品	キャンペーン	変動金利5年特約	元金均等返済
	ネット限定おトクな金利プラン	－	ご相談プレゼントキャンペーン	○	○
	プレミアム住宅ローン	－	－	○	○
	ネットdeホーム	－	－	○	○
	WEB申込限定プラン	－	団信革命セット	○	×
	変動セレクト住宅ローン	－	－	×	×
	変動金利（固定特約付き）	－	借り換えキャンペーン	×	○
	MR.住宅ローンREAL	●	金利引下げ&キャッシュバックキャンペーン	×	○
	がん50%保障団信	●	au住宅ローンセット割	○	○
	イオンセレクトクラブ	－	WAONポイント10,000ポイントプレゼント	○	×
	当初固定期間引き下げ型	－	－	○	○
	当初期間金利引下げ	－	住宅ローン家計応援プラン	○	○
	－	●	住宅ローンの審査申込で ギフト券がもらえる!キャンペーン	×	×
	－	●	－	×	×
	お借換え専用の融資手数料	－	－	×	○
	プレミアム住宅ローン	－	－	○	○

- 審査スタンス……柔軟性が高いと◎。通常は○。個人属性や物件評価が厳しくなると△。
- 審査スピード……1カ月以内であれば○。45日以上となると△。
- 目玉商品……銀行がウリにしていると思われる商品で、相対的にコストが安いものをピックアップ。
- 要注意商品……金利が安いが、トータルコストが金利の安さと反して高くつく商品がある場合に●。
- キャンペーン……銀行が売りたいと思われるキャンペーンを掲載。
- 変動金利、5年特約……あれば○。なければ×。
- 元金均等返済……あれば○。なければ×。

借り換えで人気の「金融機関」比較表

	金融機関名	ネット／郵送申込		借り換え+リフォーム	期間延長	審査スタンス	審査スピード	
		申込	契約					HP上の記載
1	みずほ銀行	○	○	○	△	○	△〜○	45日以上
2	三菱東京UFJ銀行	○	○	○	×	○	△〜○	−
3	三井住友銀行	○	○	△	×	○	△〜○	−
4	りそな銀行	○	×	△	×	○	△〜○	−
5	ソニー銀行	○	○	○	×	△	△	45日以上
6	楽天銀行	○	○	○	△	△〜◎	○	最短20日程度
7	住信SBIネット銀行	○	○	○	△	○	△〜○	1か月以上
8	じぶん銀行	○	○	×	×	○	△	最短で10日で契約完了
9	イオン銀行	○	○	○	△	△〜◎	△〜○	1か月程度
10	三菱UFJ信託銀行	○	○	○	×	△	△	正式審査2週間程度
11	三井住友信託銀行	○	×?	○	×	△	△	スタートから約4週間
12	新生銀行	○	×	○	○	○	△〜○	1か月半以上かかることも
13	ARUHI	○	○	×	△	△〜◎	○	審査最短3営業日
14	優良住宅ローン	○	×	×	△	◎	△〜○	本審査2週間ほど
15	カブドットコム証券	○	○	×	×	○	△〜○	−

各欄について

- **ネット／郵送申込** …… 「申込」：ネットまたは郵送で受け付ける場合は○。
  「契約」：契約手続きを対面で行わなければならない場合は×。
- **借り換え+リフォーム** …… 対応している場合は○。非対応の商品がある場合は△。全商品対応していない場合は×。
- **期間延長** …… 原則対応するのは○。35年ルールを適用しているのは△。延長が返済条件の見直しとなってしまうのは×。

↓（35年ルール）

借入期間が35年未満の場合、借り換えを行う際に条件によって残存期間以上の借入期間を設定できる。条件は、当初借入期間が35年未満で、金融機関の定める完済年齢までに返済が終わること。「借入可能期間＜35年−現在までの返済経過年数」となる。たとえば、当初30年で借りて、11年経過した場合、残存期間は19年。しかし、35年−11年＝24年まで借入期間を延ばすことが可能（ただし、完済年齢に達する場合は、延長は完済時年齢まで）。

4-7

ローン選びの実践③

STEP ③ シミュレーションを行う前に借入金額・借入期間を決める

「借入金額」は諸費用やリフォーム費用込みでもOK

候補となる住宅ローン商品を絞り込んだら、住宅金融支援機構などのサイトにあるシミュレーターを利用して、トータルコストなどを確認していきます。

ただ、その前に、「借入金額」と「借入期間」について決めておきましょう。というのも、この2つをすぐ入力してシミュレーションを始めると、迷って足踏みすることになるのですが、迷って足踏みすることが多いからです。

前者の「借入金額」を決めるポイントは、次のとおりです。

- **繰り上げ返済はしない前提にする**
- **諸費用も借入金額に含めて借りる**
- **リフォームをするのであれば、その費用も上乗せする**

一つ目の「繰り上げ返済」については、これだけ金利が低いので無理に返済する必要はなく、また教育費や老後資金の目途が立つまでは、できるだけ現金は手元に残しておいたほうがいいことは、すでにお話ししました。

二つ目の「諸費用」についてですが、「せっかく低い金利のローンに借り換えて総返済額を減らそうとしているのに、新たに諸費用を借入金に乗せるのは嫌だ」という人がよくいます。

しかし、たとえば、借り換えで300万円コストダウンするのであれば、諸費用100万円をわざわざ貴重な貯蓄を減らしてまでキャッシュで支払うべきではありません。

「病気になって収入が減ることになった」「子どもが予定外に私立高校に進学することになった」など、住宅ローンを返し終えるまでに不測の事態はいろいろ起こるものです。その際、キャッシュがないために、消費者金融等から高い金利で借りることになるのであれば、これ以上バカらしい話はありません。

最後の「リフォームローン」も考え方は同様です。リフォームローンは、借入期間が10～20年程度と短く、金利も変動で3～8％と高めに設定されています。それに比べて、住宅ローンは金利が最高に安いローンですから、リフォームをするのであれば、借り換えと一緒にリフォーム資金も住宅ローンに含めて借りてしまったほうが断然おトクです。

ザイ・オンラインでは、リフォーム費用も一括で借りられるローンのランキングも掲載しているので、ぜひ参考にしてみてください。

リフォームローンは、見積書のみで住宅ローンと同じタイミングで融資実行される銀行もあれば、住宅ローンが先に融資実行され、リフォームローンはリフォームが完了した後に、融資実行される銀行もあるなど、対応は分かれます。

「借入期間」の延長・短縮は家計の状況次第

借入期間は、現状の返済ペースで問題なければ、現在の残存期間と同じで問題ないでしょう。

期間を短くすれば総返済額は抑えられますが、月々の返済額は増えます。

反対に、長くすれば総返済額は増えますが、月々の返済額は減ります。

もちろん、家計に余裕があれば期間短縮という選択肢もありますが、**65歳の定年時までに払い終わるペースであれば、超低金利のローンを急いで返す必要性は高くありません。**

逆に子どもの高校・大学進学などで家計が苦しい場合には、**借入期間を延ばしてキャッシュを作るという手も**あります。

以前は借り換え時に、現存の住宅ローンの残存期間以上に借入期間を延ばすのはご法度でしたが、最近では認める銀行が増えています。

みずほ銀行や住信ＳＢＩネット銀行、フラット35、新生銀行などは、条件に合えば、残存期間以上に返済期間を延ばせます（35年以上は不可）。

とはいえ、前記のとおり、期間を延ばせば、総返済額は膨らみます。追い詰められていて、失踪するくらいならやるべきですが、安易に手を出すものではないことは肝に銘じておきましょう。

4-8

ローン選びの実践④

STEP 4

シミュレーションを行って商品を決定しよう

住宅金融支援機構のシミュレーターが便利

では、ザイ・オンラインで選んだ住宅ローン商品を実際にシミュレーションしてみましょう。

シミュレーターは各銀行のサイトに用意されていますが、諸費用を含めることができなかったり、複雑で記入するのが難しかったり、自行の金利しか入力できなかったりと、銀行ごとにバラつきがあります。

そのため、本書では、**シンプルなつくりでトータルコストが比較しやすい住宅金融支援機構の「借換えシミュレーション」**（http://www.jhf.go.jp/）をおすすめします。

機構の借換えシミュレーションの条件入力画面は、大きく「現在のお借入れローン」と「お借換え後のローン」の2つに分かれていて、それぞれ「金利タイプ」「借入金利」などの各項目を入力していくと、借り換え前後の違いを比較できるようになっています。

シミュレーションの各項目を、どのように記入していくのか、具体的に見ていきましょう。

【事前に準備するもの】

☆「現在のお借入れローン」の入力に必要なもの

・銀行から取り寄せた「返済予定表」

・固定金利選択型なら優遇幅の書かれた紙

・ネットバンキングの「住宅ローンお借り入れ内容照会」など

☆「お借換え後のローン」の入力に必要なもの

・金利タイプや固定期間終了後の金利が明記された銀行サイトのページなど。

住宅金融支援機構「借換えシミュレーション」へのアクセス方法

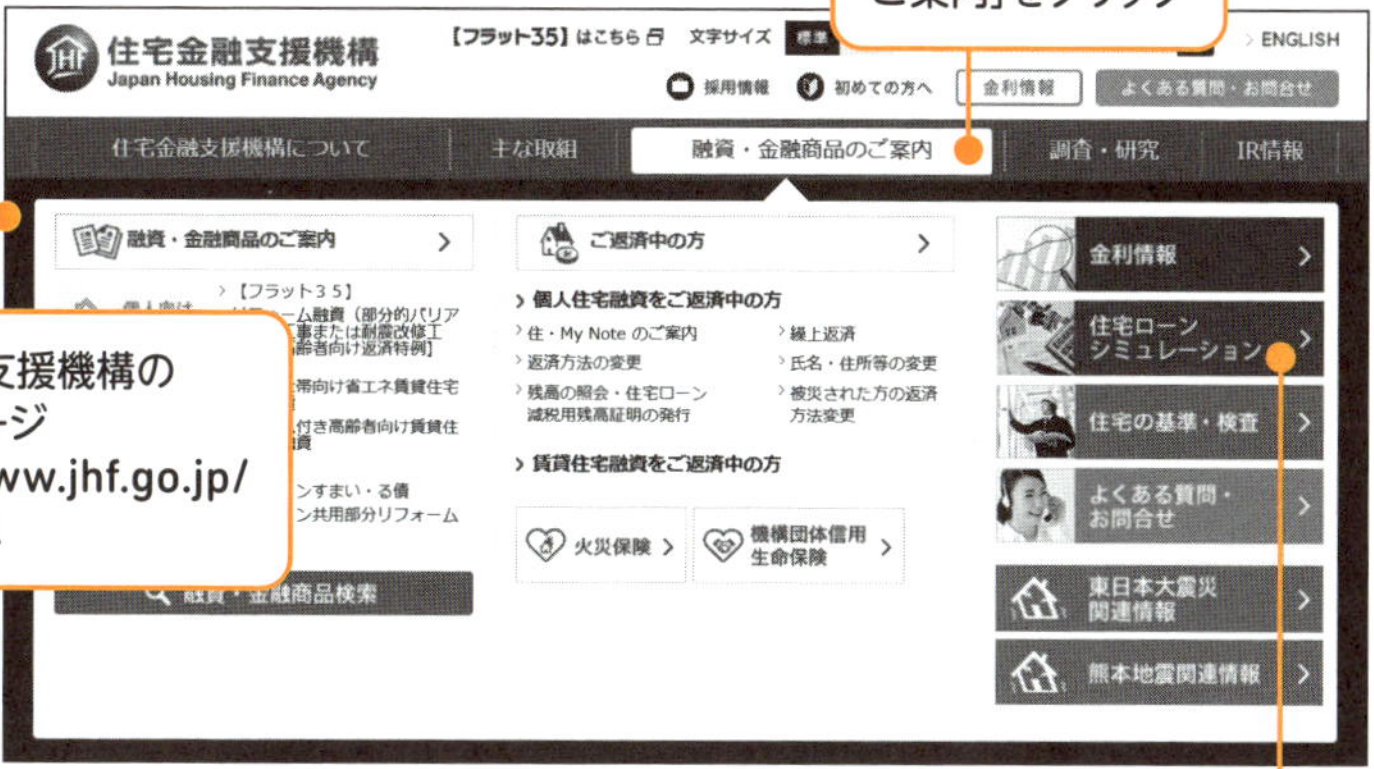

1 住宅金融支援機構のホームページ http://www.jhf.go.jp/ にアクセス

2 「融資・金融商品のご案内」をクリック

3 「住宅ローンシミュレーション」をクリック

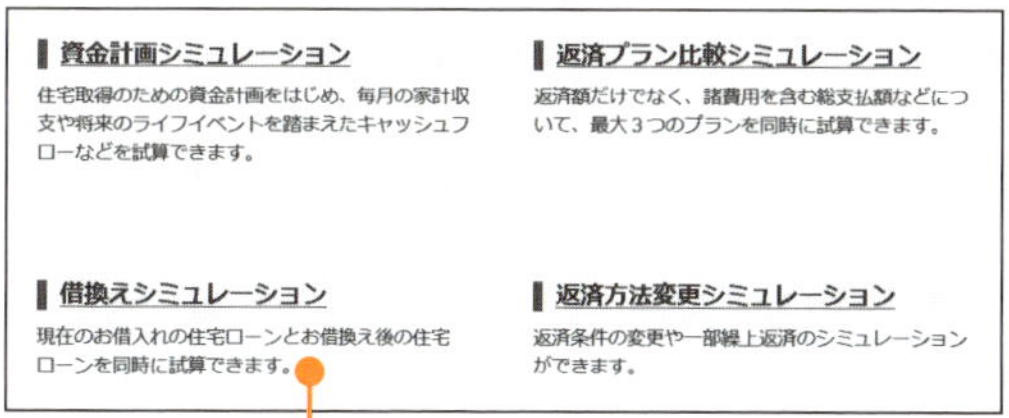

4 開いた画面の「借換えシミュレーション」をクリック

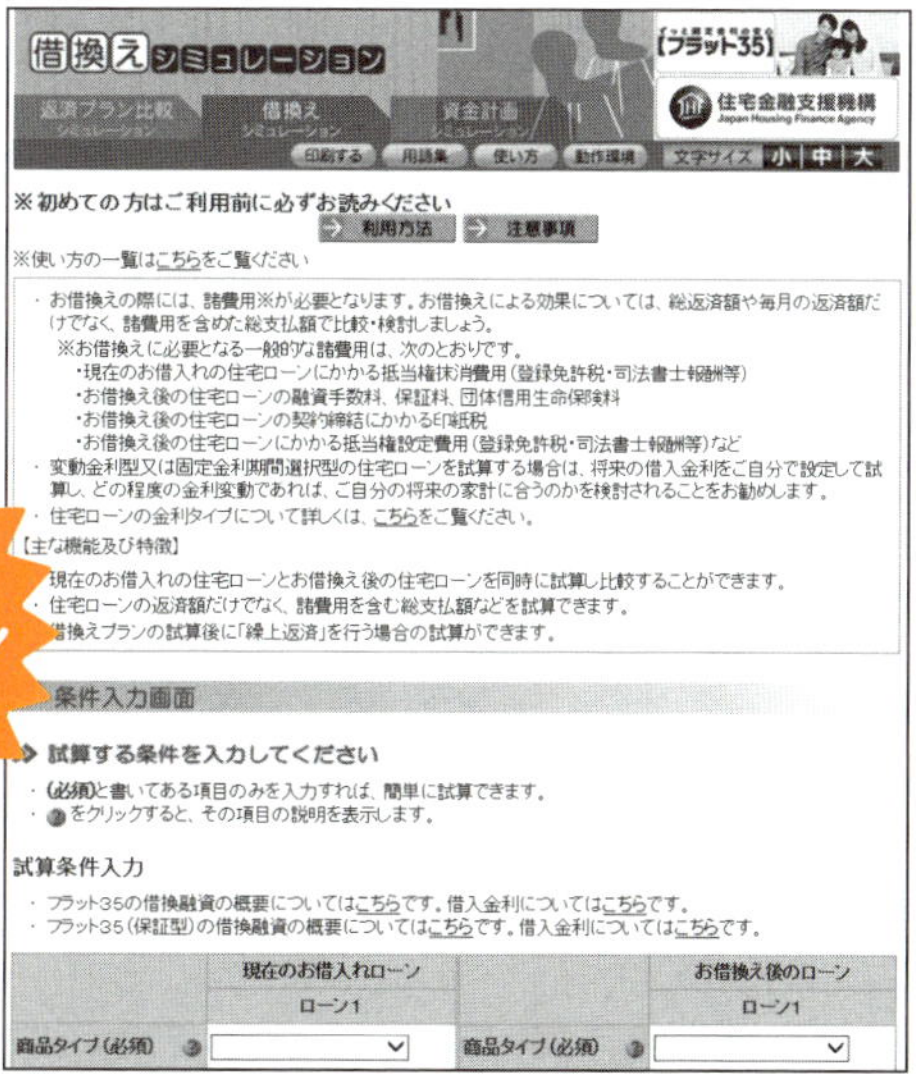

借換えシミュレーションページ

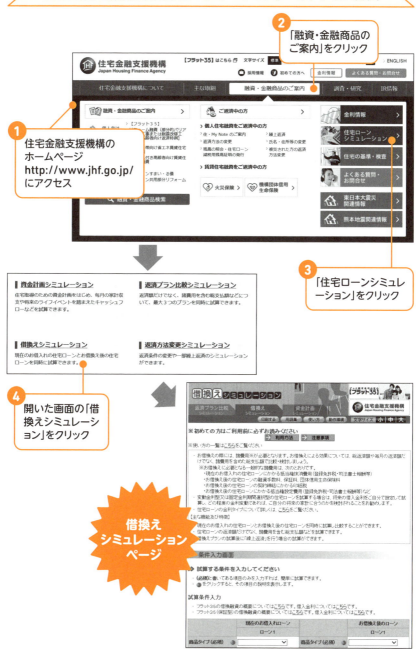

【条件入力画面への入力方法】

前記のとおり、入力画面は「現在のお借入れローン」と「お借換え後のローン」の2つに分かれています。

まずは「現在のお借入れローン」欄の入力の仕方から見ていきましょう（113ページの図と合番号になっています）。

A 「現在のお借入れローン」の入力方法

①「商品タイプ」欄

・民間金融機関ローン
・フラット35
・フラット35（保証型）
・フラット50
・住宅機構財形融資

の中から選択します。

フラット系を選択した場合、さらに「フラット35S等」の利用の有無を問うチェックボックスが表示されますので、必要に応じてチェックします（「フラット35リノベ」を利用している人もチェック）。

②「残りの返済期間」欄

返済予定表などに記載されている最終返済年月を確認し、現在の年を差し引きします。

最終月が到来していない場合には、そのままの年数を入力します。

到来している場合には、そこからさらに1年差し引きした年数を入力します。

例：平成46年−平成29年＝18年

③「金利タイプ」欄

・全期間固定
・段階金利（※公庫融資に多い）
・固定期間選択
・変動金利

から、返済予定表の「金利変動方式」などに記載されている金利タイプを選択します。

固定期間選択型の場合、固定期間終了後、変動金利にするかどうかを選択します。変動金利を選択すると、5年特約が適用されます。

④「借入金利」欄

住宅ローンの金利タイプごとに、「適用年数」と「金利」を入力します。いずれも返済予定表に記載されているはずですので、そのまま入力するだけです。

96ページでお話ししたとおり、**現在の店頭金利をベースにした「現状維持シナリオ」と「リスクシナリオ」の2パターンでシミュレーション**します。

「③金利タイプ」で選んだタイプに

「借換えシミュレーション」条件入力画面

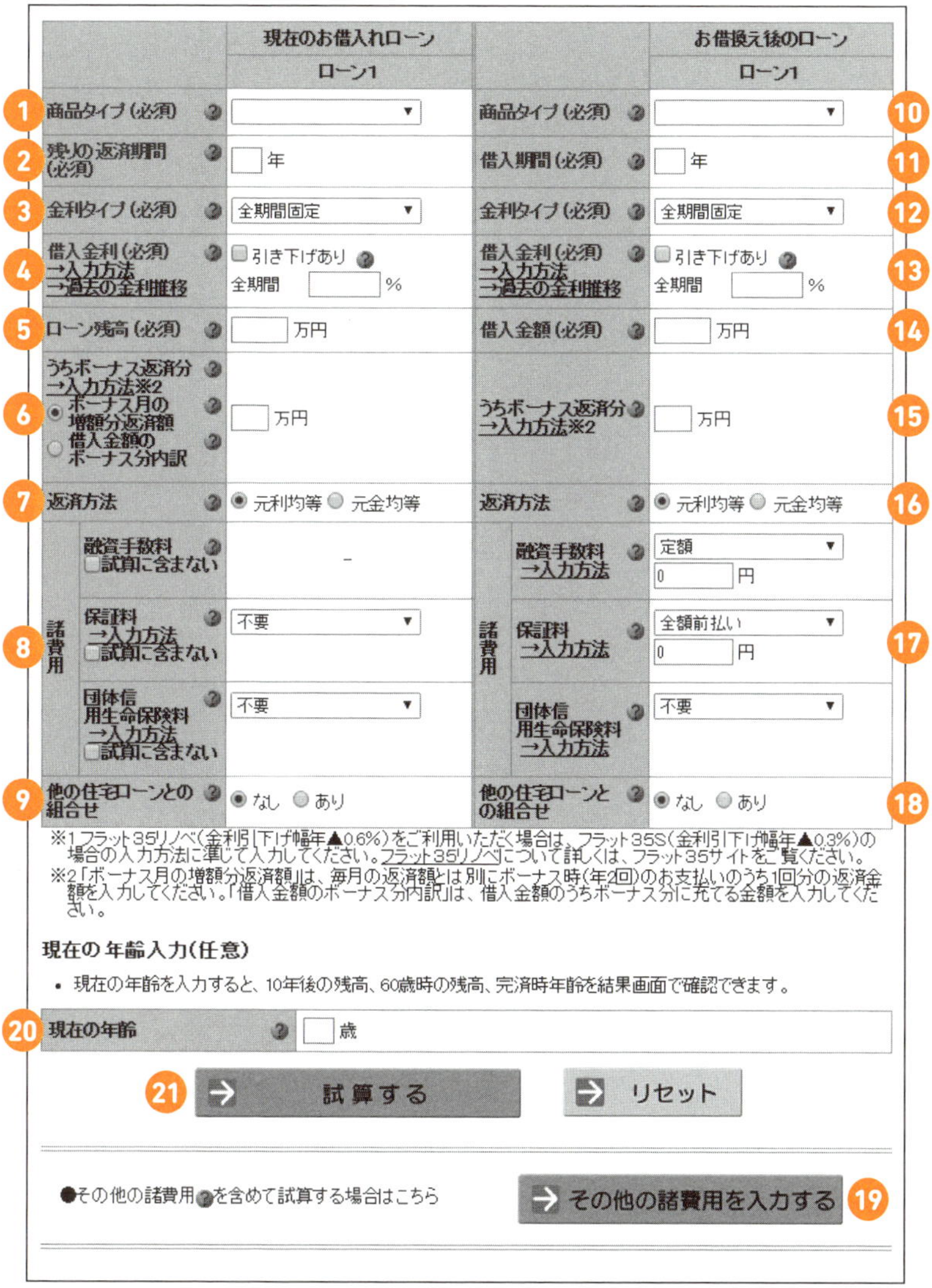
現在のお借入れローン
ローン1
お借換え後のローン
ローン1
1 商品タイプ（必須）
2 残りの返済期間（必須） 年
3 金利タイプ（必須） 全期間固定
4 借入金利（必須） →入力方法 →過去の金利推移 引き下げあり 全期間 %
5 ローン残高（必須） 万円
6 うちボーナス返済分 →入力方法※2 ボーナス月の増額分返済額 借入金額のボーナス分内訳 万円
7 返済方法 元利均等 元金均等
8 諸費用 融資手数料 試算に含まない － 保証料 →入力方法 試算に含まない 不要 団体信用生命保険料 →入力方法 試算に含まない 不要
9 他の住宅ローンとの組合せ なし あり
10 商品タイプ（必須）
11 借入期間（必須） 年
12 金利タイプ（必須） 全期間固定
13 借入金利（必須） →入力方法 →過去の金利推移 引き下げあり 全期間 %
14 借入金額（必須） 万円
15 うちボーナス返済分 →入力方法※2 万円
16 返済方法 元利均等 元金均等
17 諸費用 融資手数料 →入力方法 定額 0 円 保証料 →入力方法 全額前払い 0 円 団体信用生命保険料 →入力方法 不要
18 他の住宅ローンとの組合せ なし あり
※1 フラット35リノベ（金利引下げ幅年▲0.6%）をご利用いただく場合は、フラット35S（金利引下げ幅年▲0.3%）の場合の入力方法に準じて入力してください。フラット35リノベについて詳しくは、フラット35サイトをご覧ください。
※2「ボーナス月の増額分返済額」は、毎月の返済額とは別にボーナス時（年2回）のお支払いのうち1回分の返済金額を入力してください。「借入金額のボーナス分内訳」は、借入金額のうちボーナス分に充てる金額を入力してください。
現在の 年齢入力（任意）
• 現在の年齢を入力すると、10年後の残高、60歳時の残高、完済時年齢を結果画面で確認できます。
20 現在の年齢 歳
21 試算する
リセット
●その他の諸費用を含めて試算する場合はこちら
その他の諸費用を入力する 19

よって、入力方法が異なります。

・**「全期間固定」を選択**

入力するのは「借入金利」のみです。当初に金利の優遇を受けている場合は、「引き下げあり」をクリックして、「適用年数」と「借入金利」を入力してください（商品タイプに「フラット35S」を選択した場合も同様の処理となります）。

・**「段階金利」を選択**

「当初」の欄に、当初の「適用年数」と「借入金利」を入力します。適用年数は残存年数を入れる必要があるので注意してください。たとえば、10年固定で4年経過していたら、6年と入力します。

「残り」の「適用年数」は自動計算されるので入力不要です。「借入金利」のみ入力してください（商品タイプに「フラット35S」を選択した場合も同様の処理となります）。

・**固定期間選択型**

「当初」の欄に、当初の「適用年数」と「借入金利」を入力します。

同様に「以降」の欄にも、「適用年数」と「借入金利」を入力しますが、その際には、変動金利を選択することとし、「借入金利」には、現在のままの場合と変動金利の店頭金利が4%になった場合の2タイプを計算します（2回シミュレーションを行うということです）。

注意すべき点は、現在の変動金利を入力するのではなく、「現在の店頭金利－（この住宅ローンを組んだ時に決めた）固定期間終了後の優遇幅＋店頭調整金利」を入力する点です。

左ページにあるように、**「店頭調整金利」は「当該の銀行の店頭金利－三菱東京UFJ銀行の店頭金利」**で求めます。

固定期間終了後の優遇幅がわからない場合には、銀行に電話で問い合わせましょう。

・**5年固定（住宅機構財形融資）**

「商品タイプ」の欄で「住宅機構財形融資」を選んだ場合のみ、入力できます。

前項の「固定期間選択型」と入力方法は同じです。

・**変動金利**

「当初」の欄に、当初の「適用年数」と「借入金利」を入力します。

この際、当初の優遇金利がないタイプを借り入れている場合、適用年数に「②残りの返済期間」で入力した年数をそのまま記入します。

一方、住信SBIネット銀行などのように、変動金利であっても、当初金利に特約があるタイプの商品を

「店頭調整金利」の求め方

●店頭調整金利とは？

現在の店頭金利がA銀行1%、B銀行2%の場合、同じ金利4%でリスクシナリオの表面金利として設定してしまうと、金利の上げ幅の比較では、A銀行は3%、B銀行は2%となってしまい、リスクの度合いが違ってしまいます。そのため、両者の商品の比較ができません。そこで、ベンチマークとして、三菱東京UFJ銀行の店頭金利が4%に上昇した想定で、各銀行のリスクシナリオ用の表面金利を調整します。

●店頭調整金利の算出方法

当該銀行の店頭金利 − 三菱東京UFJ銀行の店頭金利 ＝ 店頭調整金利

●主な銀行の現在の店頭調整金利（変動金利／全期間引き下げプラン）

銀行名	当該銀行の店頭金利	−	三菱東京UFJ銀行の店頭金利	＝	店頭調整金利
ソニー銀行	1.849%	−	2.475%	＝	−0.626%
住信SBIネット銀行	2.775%	−	2.475%	＝	0.300%
じぶん銀行	2.341%	−	2.475%	＝	−0.134%
イオン銀行	2.370%	−	2.475%	＝	−0.105%
新生銀行	1.550%	−	2.475%	＝	−0.925%
楽天銀行	1.157%	−	2.475%	＝	−1.318%
ARUHI	2.775%	−	2.475%	＝	0.300%
カブドットコム証券	2.675%	−	2.475%	＝	0.200%
PRESTIA SMBC信託銀行	2.630%	−	2.475%	＝	0.155%
SBIマネープラザ	2.775%	−	2.475%	＝	0.300%

借り入れている場合は、「当初」の欄に特約期間の残り年数を入力し、「以降」の欄に優遇期間の終わった後の「借入金利（現在の店頭金利－特約期間終了後の優遇幅）＋店頭調整金利」や「適用年数」を入力します。

⑤「ローン残高」欄

返済予定表などの「返済残高」の金額を入力します。

⑥「うちボーナス返済分」欄

ボーナス返済をする場合に入力します。毎月の返済のみの場合は、入力する必要はありません。

ボーナス返済をする場合、「ボーナス月の増額分返済額」と「借入金額のボーナス分内訳」のいずれかを選択し、以下のように入力します。

・ボーナス月の増額分返済額

毎月の返済額とは別にボーナス時（年2回）の支払いのうち1回分の返

「シミュレーション時の表面金利」の求め方

●シミュレーション時の表面（適用）金利の算出方法

①「現状維持シナリオ」の表面金利

当該銀行の店頭金利 － **優遇幅**

②「リスクシナリオ」の表面金利

当該銀行の店頭金利 － **優遇幅** ＋ **店頭調整金利**

●計算例

【ケーススタディ】A銀行の店頭金利2.35%、優遇幅0.80%

STEP1 「店頭調整金利」を算出する

2.35% − 2.475%（三菱東京UFJ銀行の店頭金利）= 0.125%

STEP2 「シミュレーション用の表面金利」を計算する

シミュレーション	想定店頭金利	−	優遇幅	+	店頭調整金利	=	シミュレーション用表面金利
現状シナリオ	2.35%	−	0.80%	+	2.475%	=	1.55%
リスクシナリオ	4%	−	0.80%	+	−0.125%	=	3.075%

済額を入力します。

　この数字を入力ミスすると、かなりずれた計算結果が出るので注意しましょう。毎月返済月とボーナス返済月の金額を正確に把握し、その差を入力します。

例：毎月の返済額が6万円、ボーナス返済10万円の場合、記入欄には「10」と入力。

・借入金額のボーナス分内訳

借入額のうち、ボーナス分で返済する金額を入力します。

　ボーナス返済分を利用している場合、返済予定表に記載があるのが通常です。ただ、ボーナス返済月にのみ、残高の記載がある場合が多いので注意しましょう。どうしてもわからないときは、現在借り入れしている銀行に問い合わせましょう。

例：借入額2000万円のうち、ボーナス返済500万円なら、「500」と入力。

⑦「返済方法」欄

次の2つから、返済予定表などに記載されているものを選びます。

・**元利均等返済**

・**元金均等返済**

自分で特に選んだ記憶がなければ、「元利均等返済」になっているはずです。

⑧「諸費用」欄

・**融資手数料**

すでに支払い済みのため、計算に含めません。

・**保証料**

入力不要です。

・**団体信用生命保険料**

入力不要です。

⑨「他の住宅ローンとの組み合わせ」欄

他に住宅ローンを借りていない場合は「なし」を、借りている場合は「あり」を選んで、必要事項を入力します。

B「お借換え後のローン」の入力方法

基本的な入力方法は「現在のお借入れローン」欄と同じです。以下、注意点を列記します。

⑪「借入期間」欄

特に希望がなければ「②残りの返済期間」欄と同じ年数を入力します。ただし、キャッシュフローをラクにしたければ長く、総返済額を抑えたい、早く完済したいのであれば、短く設定します。

⑬「借入金利」欄

96ページでお話ししたとおり、**現在の店頭金利をベースにした「現状維持シナリオ」と「リスクシナリオ」の2パターンでシミュレーション**します。

たとえば、「⑫金利タイプ」で固定期間選択型を選んだ場合は、次のようになります。

固定期間終了後は、原則変動金利にすることにします。具体的には、「借入金利」を入力する際、当初の期間に、固定期間を入力し、契約条件のままに入力します。

「以降」については、1回目は期間は自動入力となるため、金利については「現在の変動金利の店頭金利－固定期間終了後の優遇金利」でシミュレーションを行います。

2回目はリスクシナリオである「現在の変動金利の店頭金利4％－固定

期間終了後の優遇金利＋店頭調整金利」でシミュレーションします。

⑭「借入金額」欄

１０８ページの考え方に従い、諸費用やリフォームローンなどを必要に応じて「返済残高」にプラスします（詳細に入力する場合は、「⑲その他の諸費用を入力する」欄から入力します）。

⑯「返済方法」欄

特別な事情がない限り「元利均等返済」を選択してください。

毎月の返済額は「元金＋利息」となり、総返済額は膨らみがちですが、返済額は期間を通じて一定となるため、リスクを取らずに済みます。

元金均等返済は総返済額が抑えられますが、返済当初の返済がきつく、扱っていない金融機関もあるくらいです。ただし、共働きで資金に余裕がある、定年まで時間がなく早く完済したいという人は検討してみてもいいかもしれません。

⑰「諸費用」欄

「⑭借入金額」欄にて、諸費用を上乗せした場合は、以下の「融資手数料」「保証料」については、入力不要にしてください。手数料が二重に計上されます。そうでない場合は入力してください。

・融資手数料

選択した商品のホームページを見て入力します。

・保証料

選択した商品のホームページを見て入力します。

無料なら「不要」を選び、金利上乗せになっているのなら「上乗せ」を選択します。

・団体信用生命保険料

民間の銀行の場合、現在の契約が普通団信保険料は銀行側が負担するので「不要」を選びます。特約を付けていて、すでに金利に上乗せされている場合も「不要」を選択してください。ただ、別払いになっている場合のみ入力をします。

フラット35の場合、団信は原則加入ですが、加入しないこともできるので、加入しない場合は「不要」を選択します。

加入する場合は「毎年払い（機構団信）」を選択して、そのほかの条件等も選択します（ただし、２０１７年10月以降は「毎年払い」がなくなり、「金利に上乗せ」となるため、画面が更新されているかもしれません）。

⑲「その他の諸費用」欄

わかれば入力してもかまいませんが、およそ20万～30万円ほどでコスト比較には大きく影響しないため、入力しなくても構いません。

すべて入力し終えて、「㉑試算する」をクリックすると、次ページのように「試算結果」と「返済明細表」が表示されます。

全期間固定金利型以外の商品の場合、この作業を現在の金利パターンとリスクパターンの2回行います。

つまり、候補の商品が、2つの場合は計4回、3つの場合は計6回行うことになります。

これらの各試算結果について、プリントアウトするか、120ページでお話しする「まとめシート」に記載すると、比較が簡単にできます。

（ただし、「⑭借入金額」欄にて、諸費用を上乗せした場合には、このボタンを押してすべての数字を消すか、0にしてください。手数料が二重に計上されます）

C 「シミュレーション結果」の見方

【試算結果】（121ページ参照）

言うまでもなく、毎月返済額、そしてトータルコストが借り換えの前後でどう変化しているかを見ます。

【グラフ】（122ページ参照）

2パターンの金利を計算したことで、金利と月々の返済額を「幅」で考えることができ、どれくらいまでなら、金利上昇に耐えられるかを判断することができます。

ここでの計算はトータルコストによるものなので、算出された金額は純粋なメリットとなります。ですから、プラスになっている限り、損をすることはありませんが、最低でも50万円程度のメリットがなければ、魅力的ではないかもしれません。

いくら以上なら実行するかを決めるのはご自身ですが、私としては100万円を超えていたら、借り換えをしない理由はないと考えます。

なお、結果についてはいくつかパターンがあるので、次の内容を参考に検討してください。

●Aパターン

- **金利変動なし（現在の店頭金利が継続）**
  →メリットあり
- **金利変動あり（リスクシナリオ）**
  →メリットあり

このパターンは**すぐにでも借り換えの申し込みを検討**すべきです。

シミュレーション結果を「まとめシート」へ転記する

※この本の巻頭にある「折り込みシート」に、下記「まとめシート」があります。コピーしてお使いください。

●「商品」まとめ欄

概要		現　在	借り換え後	差　額
金融機関名		△△銀行	○○銀行	
商品名		△△ローン	○○ローン	
借入金額		Ⓐ 2500万円	Ⓔ 2500万円	
	内諸費用等(A)		約47万円	
借入期間		Ⓑ 20年	Ⓕ 20年	
金利タイプ		固定期間選択型	全期間固定	
金利	当初金利	Ⓒ 2.000%	Ⓖ 1.500%	
	その後1(現状維持シナリオ)	Ⓓ 0.675%		
	その後2(リスクシナリオ)	2.200%		
毎月返済額	当初金利	Ⓗ 126,470	Ⓙ 120,636	Ⓚ ▲5,834
	その後1(現状維持シナリオ)	Ⓘ 114,836	120,636	5,800
	その後2(リスクシナリオ)	128,288		▲7,652
トータルコスト(総返済額+A)	その後1(現状維持シナリオ)	Ⓛ 28,258,717	Ⓜ 29,418,604	Ⓝ 1,159,887
	その後2(リスクシナリオ)	30,680,147		▲1,261,543

自分で計算

全期間固定の場合は上と同じ

リスクシナリオについては、「その後2」欄に転記

「現状維持シナリオ」ではコスト高に!

「リスクシナリオ」ではおトクに!

●「諸費用」(上記「A」まとめ欄)

事務手数料	165,000	収入印紙	20,000
保証料	0	団信特約料	0
抵当権設定	100,000	繰上返済(完済)手数料	54,000
司法書士報酬	100,000	経過利息	27,397
		合　計	466,397

●住宅支援機構「借換えシミュレーション」の試算結果

試算条件▼

	商品タイプ	借入金額(うちボーナス返済分)(万円)	借入期間(年)	金利タイプ／借入金利(年率)	返済方法	融資手数料／保証料／団体信用生命保険料
現在	【ローン1】民間金融機関ローン	A 2,500 (0)	B 20	固定期間選択(当初固定期間終了後変動金利) 当初 5年間 2.000% C 残り 15年間 0.675% D	元利均等	- 不要 金利上乗せ 0.0%
借換後	【ローン1】民間金融機関ローン	E 2,500 (0)	F 20	全期間固定 全期間 1.500% G	元利均等	定額 165,000 円 全額前払い 0 円 不要

試算結果▼

	現在のお借入れローン(A) → 返済明細表 → 繰上返済	お借換え後のローン(B) → 返済明細表 → 繰上返済	差引 (B)−(A)
毎月の返済額	当初5年間 H 126,470 円 6年目以降 I 114,836 円	全期間 J 120,636 円	当初 K −5,834 円
ボーナス月の増額分返済額	−	−	−
年間返済額	当初5年間 1,517,640 円 6年目以降 1,378,032 円	全期間 1,447,632 円	当初 −70,008 円
借入期間	20 年	20 年	0 年
総支払額内訳 総返済額	28,258,717 円	28,952,604 円	693,887 円
総支払額内訳 うち利息分	3,258,717 円	3,952,604 円	693,887 円
総支払額内訳 利息割合	11.6 %	13.7 %	2.1 %
総支払額内訳 諸費用	0 円	466,000 円(※)	466,000 円
総支払額内訳 うち当初諸費用	0 円	466,000 円(※)	466,000 円
総支払額	L 28,258,717 円	M 29,418,604 円	N 1,159,887 円

POINT

- 借り換え候補の**1商品**につき、**1シート**使用します。
- ここでは紙面の都合上、**「現状維持シナリオ」**の試算結果と転記方法しか説明していませんが、**「リスクシナリオ」**についてもシミュレーションを行い、**「その後2(リスクシナリオ)」**の欄に結果を記入します。

シミュレーション結果「グラフ」

●総支払額の推移

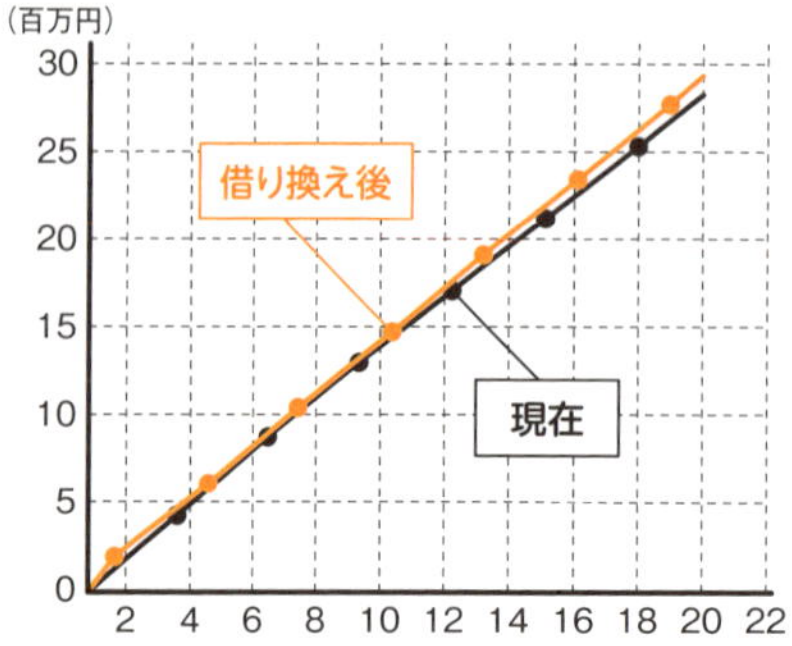

●年間支払額の推移

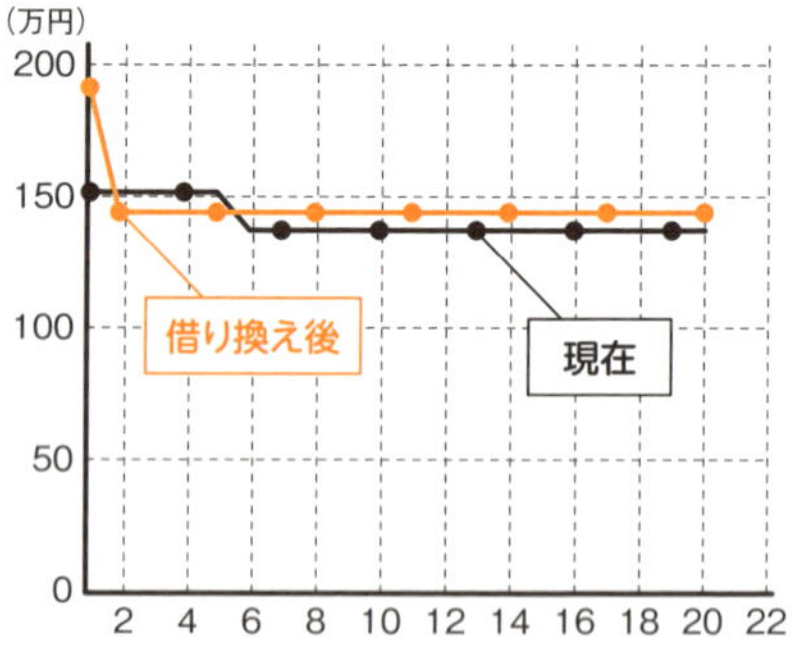

●Bパターン

・金利変動なし（現在の店頭金利が継続）
↓メリットなし
・金利変動あり（リスクシナリオ）
↓メリットあり

このパターンは、金利上昇リスクは回避できるかもしれないが、金利が変わらなければ、メリットが出ない状態です。

この場合の判断は非常に難しいところです。なぜならば、将来の金利が上がるのかどうかわからないからです。

ただし、この異常な低金利がどこまで続くのかまったく保証がないので、**金利が上昇しない場合のコスト負担の程度に応じて、検討するのがよい**でしょう。

そこで、リスクとリターンを別の組み合わせで検討してもよいと思います。たとえば、借り換える際の金利タイプを、固定期間選択型等にすることで、リスクを多少取りつつ、コストをどこまで下げられるかを確認してはどうでしょうか（120ページ参照）。

●Cパターン

・金利変動なし（現在の店頭金利が継続）
↓メリットなし
・金利変動あり（リスクシナリオ）
↓メリットなし

このパターンは、借り換えを検討する必要がないと思われます。

5

♦

第5章

安心！簡単！時短！

面倒知らずの「申し込み手続き」成功法

♦

5

5-1

申し込み準備①

借り換えローンの申し込み手続きの流れを知ろう

借り換えはスピード命！だから流れを知るのが大事

忙しい中、苦労して金利を選び、トータルコストを計算して、ようやく「コレだ！」という住宅ローンを選び出すところまでたどり着いた。あとは申し込み手続きをするだけ。もうすぐゴールだと、安心している人もいるでしょう。

しかし、ひと息つけるのはまだまだ先です。「ローン選び終了・申し込み手続きスタート」のタイミングは、全体の流れからいえば、ちょうど折り返し地点にあたります。じつは借り換えは、ここからが本番なのです。大きな流れを左ページで紹介しているので、ぜひ頭に叩き込んでおいてください。

流れをつかんでおく必要があるのは、**借り換え手続きは「スピードがすべて」**だからです。

第4章でも触れたように、選んだ金利で確実に借りられるとは限りません。

銀行やローン申請者の状況によって多少の差はあるものの、借り換え先の銀行の審査にパスして融資が実行されるまで、どんなに頑張っても1カ月以内に収めるのは、かなり難しいからです。

書類の不備などがあり、何度も銀行から問い合わせがくるといった状態だと、2、3カ月かかることもあります。

一方、**金利等の条件は原則として月ごとに変更**されています。申し込み時の金利ではなく、融資が実行された月の金利が適用されます。そのため、選びに選び抜いた金利は残念ながら使えないことのほうが圧倒的に多いのです。

手続きを早めるコツを知り 超低金利のうちに借り換えよう

1カ月以内に決められないのであれば、2カ月先でも3カ月先でも一緒じゃないか、と思うかもしれませんが、それは大きな間違いです。

第2章でお話ししたように、長期金利は緩やかな上昇傾向にあります。今は銀行間の競争が激しく、いきなり金利が跳ね上がることは考えにくいですが、全体としては少しずつ上がっていく可能性が高いのです。

それならば、月をまたいでしまうにせよ、少しでも有利な金利のうちに迅速に借り換えを済ませたいものです。次項から、**借り換えを劇的にスピードアップさせるコツ**を、具体的な申し込み手続きとともに解説していきます。

一般的な「借り換え手続き」の流れ

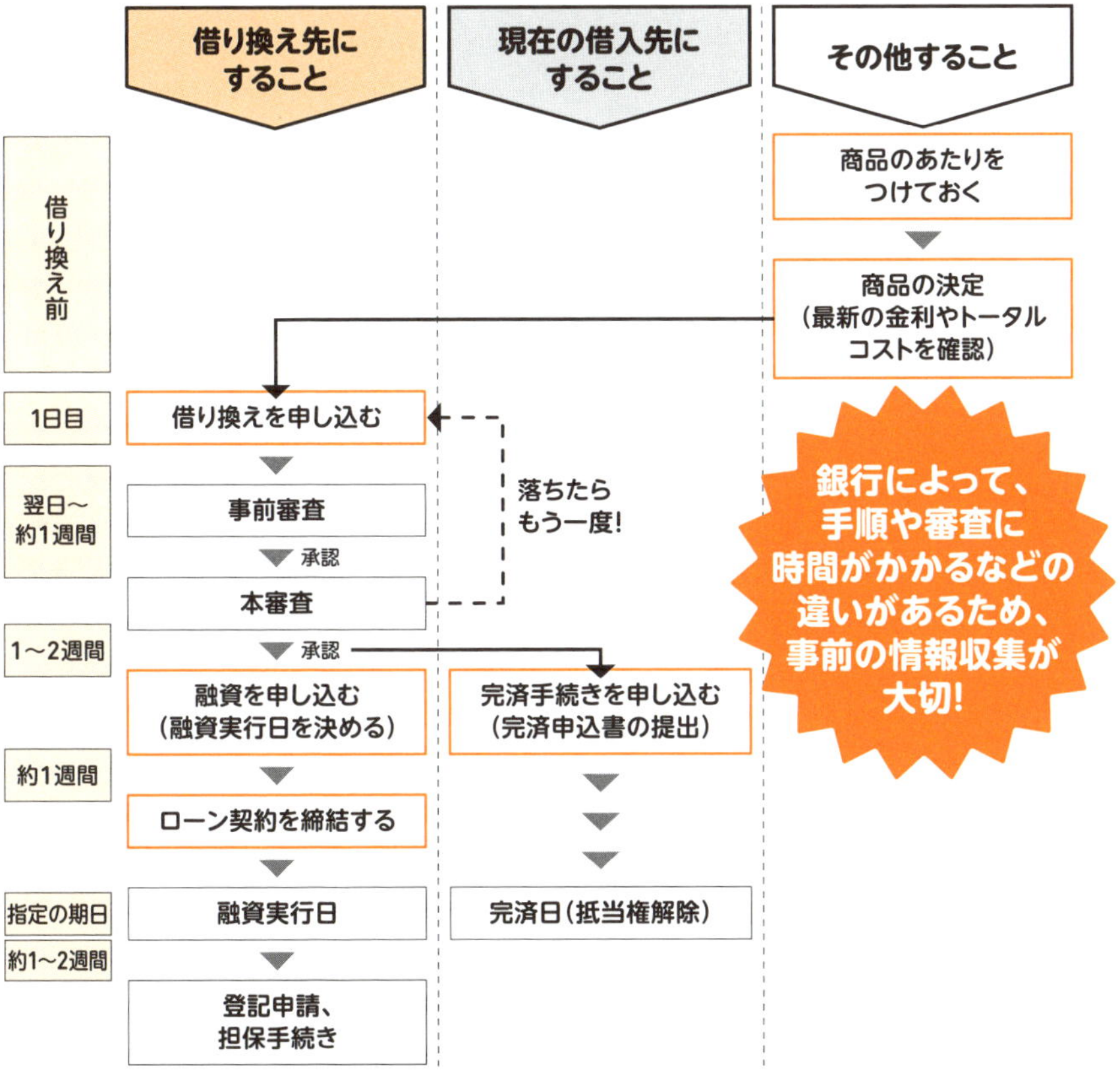

5-2

申し込み準備②

タイプの異なる「3つの銀行」に同時に申し込む

銀行ごとに審査スピードや審査の通りやすさは異なる

借り換え手続きをスピードアップするのに最も効果的なのが、複数の銀行へ同時に申し込みをしておくことです。

ここまで何度か触れてきたとおり、金利の安い銀行は希望者も多く、申請者を選り好みできるため、収入面で安定している公務員などでない限りは、審査に時間がかかります。

そのため、**第一希望だけでなく、第二、第三希望くらいまで、同時期に申し込んでおく**のが賢明です。

本審査が終わるまで1カ月以上かかり、一つダメだった時点でまた別の銀行に申し込み直して、ダメだったらまた次……とやっているうちに、あっという間に半年が経過してしまった、というケースはめずらしくありません。

これでは、いくら安い金利を探しても、状況が大きく変わってしまう可能性があり、これまでの努力が水の泡になってしまいます。

だからこそ、複数の銀行へ同時に申し込んでおくことが重要になってくるのです。

銀行ごとに審査スピードや審査の通りやすさは異なる

複数申し込む場合の銀行選びのポイントは、**「タイプの異なる銀行を選ぶこと」**です。

審査にかかる期間や審査の通りやすさは銀行ごとに異なり、おもに次の3タイプに分けられます。

①メガバンク系

敷居が高いイメージのあるメガバンクですが、意外にも**審査スピードは比較的早く、審査に落ちる可能性**

もそれほど高くありません。

メガバンクは職員数が多く、また積極的に住宅ローンを積み上げたいと考えているところも多いので、審査基準が比較的緩いからです。

②ネット銀行・信託銀行系

実店舗を持たないネット銀行や、ローンの申し込みをネット限定にしている信託銀行は、いずれも店舗数が少なく、職員数も少ないため経費がかからないぶん、金利を安く設定することが可能になります。

それだけに人気が高く、**審査に2、3カ月かかるところも**あります。

さらに、融資が下りたとしても、満額は無理というケースがよく見られます。

③フラット35

短期の金利はありませんが、全期間固定金利の安さは特筆ものです。

また、審査のスピードは比較的早く、個人事業主や転職してから間もない人を受け入れることで、顧客獲得を図っています。

こうした違いがあるため、同時に申し込む銀行は、タイプが異なるところを選ぶのがいいのです。

ネット銀行・信託銀行系ばかりだと全滅の可能性がありますし、メガバンクばかりだと審査は通るものの、借り換えメリットに差がなく、複数申し込む意味が少なくなってしまうからです。

もし、あなたが個人事業主であったり、転職したてだったりする場合には、確実性の高いフラット35なども選択肢に入れて保険をかけておくと、金利探しやシミュレーションにかけた時間や手間を無駄にせずに済みます。

第一希望でなくても
スピード重視で決めるのが賢明

では、申し込んだ3つのローンのうち、第一希望でないものが先に本審査を通過したとしたら、どう判断すればいいのでしょうか。

これは「**審査結果が最初に出たものに決める**」のが基本です。

金利の安さは重要ですが、審査が早いというのも一つの価値です。

すでにA銀行の審査には通っていて、もっと金利の低いB銀行の審査結果を待っていたところ、結局通らずに断念。すぐにA銀行に借り換えを申し込むと、融資実行日が月をまたいでしまい、金利が上がってしまった……というケースもあり得るからです。

5-3

申し込み準備③

融資実行1カ月以内を目指すなら、「タイミング」を工夫する

時間を有効に生かすため事前審査は月初に申し込む

どんなに書類を完璧に揃えても、審査のスピードは銀行の状況次第ということもあり、申し込みから融資実行までを確実に1カ月以内で終わらせるのは難しいことです。

とはいえ、金利のわずか0・1%の違いが、総返済額で数十万円の差につながるのですから、ダメ元でも試す価値はあります。

本気で1カ月以内の融資実行を目指すなら、ポイントは次の2つです。

一つは、**「思い立ったら直ちに事前審査を申し込む」**こと。そのためには、最低でも事前審査の1週間前から金利やトータルコストの比較をスタートさせ、申し込むローンと銀行を絞り込んでおきます。

同時に、書類集め（134ページ参照）なども、手を付けられるところから始めておくと、後々ラクです。申し込みから融資実行まで、頑張っても1カ月はみておいたほうがよいので、逆算すると、**その月の金利を利用したいなら、月初には申し込ん**でおかなければなりません。

第1～第3候補までに絞り込む過程で落としたローンの中に、金利変更でおトクになったものがないかを確認し、最終的に申し込む3つのローンを決めましょう。

ただし、月内に融資実行までこぎつけるには、1秒たりともムダにできません。この作業に時間をかけすぎて、月初に申し込む時間的メリットを失ってしまうことがないよう注意してください。

また、時間がかかる金融機関の場合、店頭で申請し、今月実行を強く希望しておくことで、手続きを優先

してくれることもあるので、忘れずにお願いしましょう。

完済手続きは事前審査と同時に申し込み、スピードアップ

1カ月以内の融資実行を実現する二つ目のポイントは、**「借入先の銀行に事前審査を申し込むのと同時に、現在住宅ローンを借り入れている銀行に完済手続きを申し込む」**ことです。

ただし、後述するように、この方法は失敗に終わったとき（最終的に借り換えの審査に落ちたとき）、デメリットを伴います。その点を十分に理解したうえで、1カ月以内の審査通過を目指してください。

さて、話を進めます。

大半の銀行では「現在の住宅ローンを借り入れている銀行に完済手続きを申し入れるのは、本審査に通ってから」と説明しています。

ところが、本審査にパスし、喜びいさんで完済を申し出ると、「手続きには1カ月（早い銀行でも2週間）かかります」と言われ、「月内に借り換え手続きが終わらない！」と衝撃を受けることになります。

本審査に通るまでに、すでに最低でも2週間を要しているので、そこから借り換え手続きに1カ月かかるとなると、月内の借り換えは絶望的。2週間でもかなりギリギリになってしまいます。

もし、ぜひとも1カ月以内に借り換えを成功させたいと考えるなら、事前審査を申し込むのと同時に、現在ローンを借りている銀行に完済手続きを申し入れましょう。

そして、**「完済手続き日」を、借り換え先の「融資実行日（借入金が入金される日）」と同じ日になるように、完済手続き日から逆算して本審査への申し込みや契約の日程を決めてい**きましょう。

月内で契約できないと面倒な手間が生じる場合も

ただし、思ったより審査や契約に時間がかかり、月内に手続きを完了させられなかったとき、前記したように、この方法は面倒な手間が生じることになります。

まず、現在借り入れている元の銀行に、「完済手続きを申し込んだけれど、今月は難しくなった。新たな予定日が決まったら連絡する」と電話を入れる必要があります。

そして、**完済手続き時には、銀行によって「ローン期限前返済依頼書」**

「繰上償還計算書」など呼び方はさまざまですが、完済日付で完済に必要な資金総額（元金・利息・手数料など）がわかる書類を元の銀行に発行してもらう必要があります。

　これは、完済日が変更になると、借り入れ残高や利息などが変わってしまうためです。書類を再取得しなければなりません。

　さらに、もしも申し込んだ先のすべての審査に落ちてしまったときは、現在借り入れている銀行に頭を下げて、毎月返済の自動引き落としの手続きを復活させてもらうなど、相当に肩身の狭い思いをすることになります。

　このように、1カ月以内の借り換えはかなりハードルが高いのですが、成功したときのメリットは小さくありません。

　こうしたリスクをしっかり踏まえたうえで、それでもチャレンジしたいと思うのであれば、試す価値はあります。

融資実行日と完済日が同日でなければならない理由

　一方で、「融資実行日」と「完済日」が数日ずれるくらい、いいじゃないかと思いたいところですが、残念ながら絶対に同日でなければならない理由があります。

　住宅ローンは建物と土地に対し、担保として抵当権が設定されています。

　そして、たとえ借り換え先の銀行の融資が実行され、完済手続きが終わっても、登記上の抵当権は元の銀行に設定されたままです。

　そこで、完済手続きの際、**司法書士にも同席してもらい、抵当権を抹消し、借り換え先の銀行に抵当権を設定する手続きを行ってもらう**必要があるのです。

　借り換え先の銀行からすると、融資だけ先に実行するということは、「後で抵当権はちゃんとお宅に設定しておくから信用してよ。とりあえず先にお金だけ出して」と口約束されるようなもの。

　これで信用しろと言われても、なかなか難しいですよね？

　やはり、「融資実行日」と「完済手続き日」は同日でなければいけないのです。

融資実行まで1カ月以内を目指す「借り換え手続き」の流れ

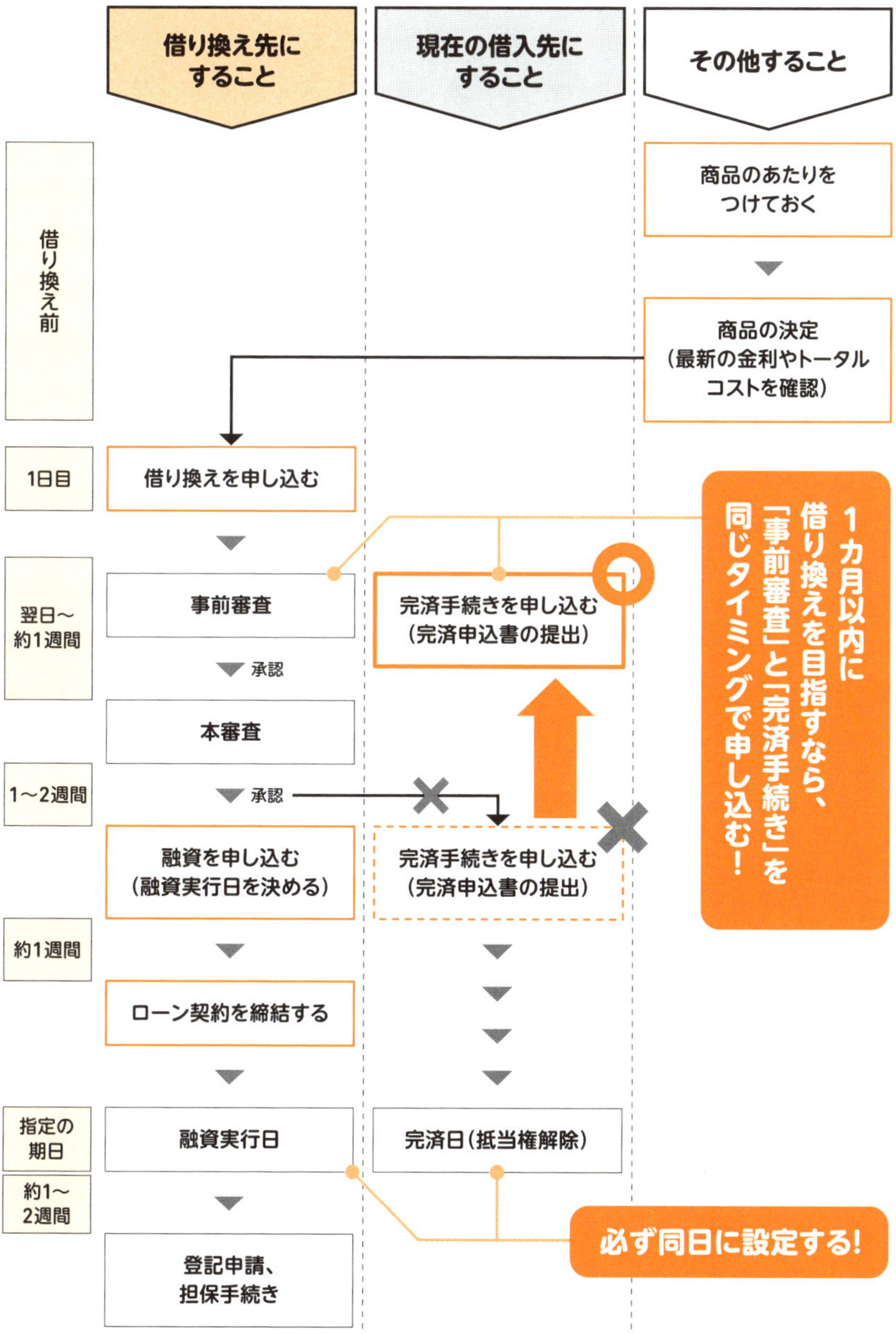
借り換え先にすること
現在の借入先にすること
その他すること
借り換え前
商品のあたりをつけておく
商品の決定（最新の金利やトータルコストを確認）
1日目
借り換えを申し込む
翌日～約1週間
事前審査
完済手続きを申し込む（完済申込書の提出）
承認
本審査
1～2週間
承認
融資を申し込む（融資実行日を決める）
完済手続きを申し込む（完済申込書の提出）
1カ月以内に借り換えを目指すなら、「事前審査」と「完済手続き」を同じタイミングで申し込む！
約1週間
ローン契約を締結する
指定の期日
融資実行日
完済日（抵当権解除）
約1～2週間
登記申請、担保手続き
必ず同日に設定する！

5-4

申し込み準備④

銀行に行く回数を減らすなら、インターネットから申し込む

銀行へ行くのは店舗なら3回以上インターネットなら1回

第2章でも紹介したように、借り換えのネックになるのが、銀行の店舗が開いている昼間に仕事を抜け出して手続きに行かなければならないことです。

今週もダメ、来週もやっぱりダメ、とスケジュールを調整しているうちに、時間だけがムダに過ぎていってしまいます。

店舗で申し込む場合は、書類を揃えて窓口で「ローン申し込み」を行い、審査に通れば再び銀行に足を運んで「契約」することになります。

現在の住宅ローンの借入先の銀行にもローンの完済手続きに行かなければならないため、最低でも1カ月のうちに3回以上は銀行に足を運ばなければなりません。

しかし、**現在はほぼすべての銀行でインターネットによる申し込み手続きが可能**です。

事前審査から契約まで、店舗に一度も足を運ばずに済ませられる銀行もあれば、契約時だけ店舗に行く必要がある銀行もありますが、実際に足を運ぶのは1～2回だけで済みます。このメリットを生かさない手はありません。

審査結果の確認や書類送付もインターネットならラクラク

また、インターネットによる手続きでは、**銀行のサイト上に自分の「マイページ」（銀行によって呼び方は異なります）が作成され、そこから担当者に質問したり、審査の進捗状況や結果を把握**できたりするため、いちいち電話でやりとりする手間が省けます。

ソニー銀行やイオン銀行は、事前審査にパスすると、本審査の申込書が送られてくるのでそれに記入し、返送。必要書類は郵送、もしくはスキャンしてアップロード、ＦＡＸ送信などで送ります。

じぶん銀行は、完済手続きと登記関係書類以外は、原則として紙の契約書への記入・捺印が不要。申し込みも契約も、すべてマイページ上で完結できます（契約内容を送信後、電話による最終意思確認や、抵当権設定のための司法書士との面談はあります）。

みずほ銀行やりそな銀行等は、じぶん銀行と同じく、ネット上で審査申し込みが行えますが、最後の契約は郵送されてくる書類に記入し、必要書類とともに郵送するやり方を取っています。

インターネットで限りなく申し込みが完了する時代に！

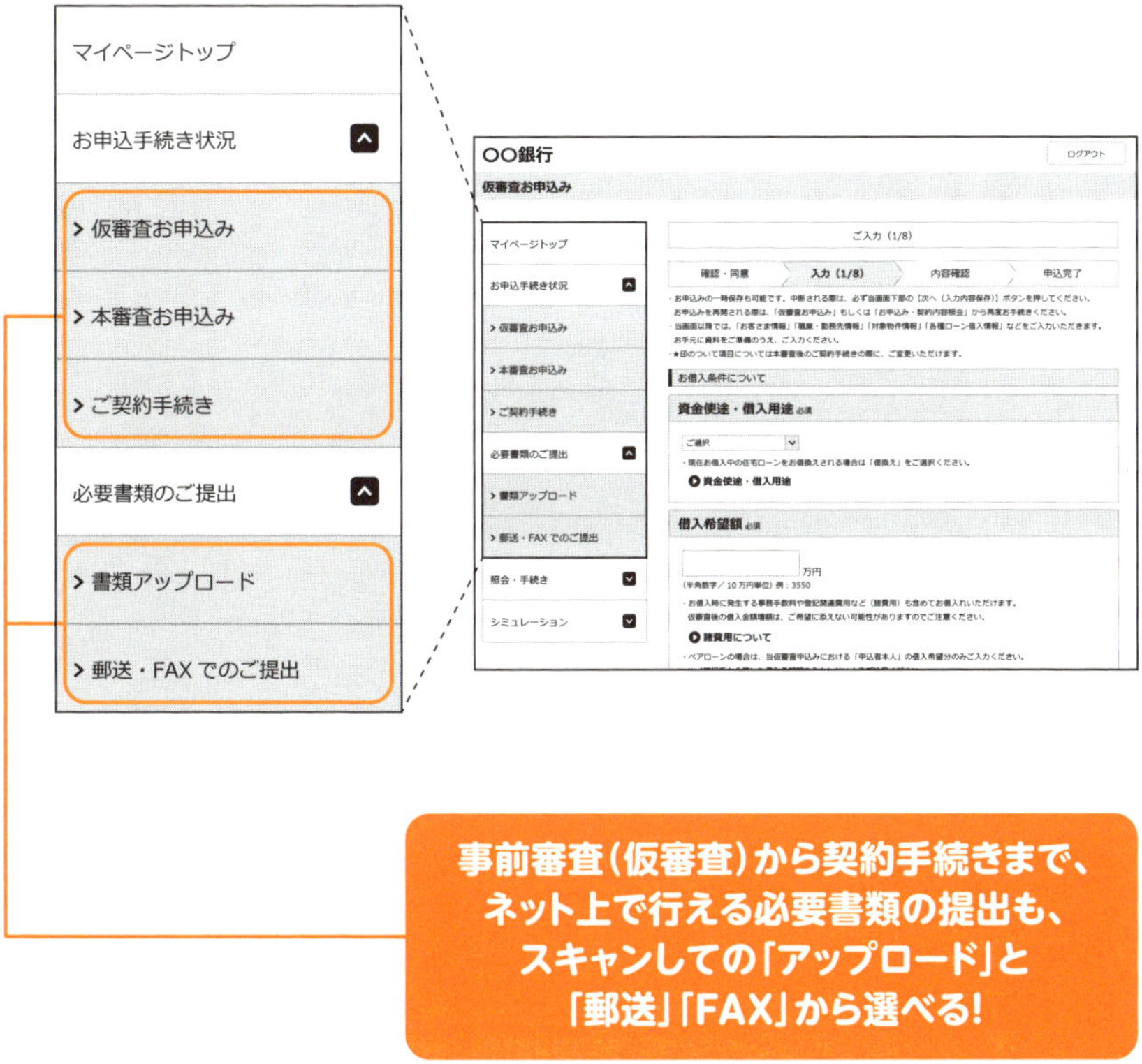

5-5 申し込み準備⑤

「必要書類」は100%、銀行のマニュアルどおりに揃える

スムーズな借り換えを書類の不備が著しく妨げる

借り換えの手続きに時間がかかってしまう最大の理由が「必要書類の不備」です。

「書類をただ揃えて出せばいいだけなのに?」と思うかもしれませんが、話はそう単純ではありません。

現実には「全部事項証明書(いわゆる登記簿謄本)って土地分の1枚だけ出せばいいんだよね? えっ⁉ 隣近所と共有してる道路ぶんとゴミ捨て場ぶんの2枚も出さなきゃダメだったの?」といったように、ひと筋縄ではいきません。

「複数枚つづりでどれを出せばいいか判断に迷うもの」「同じ書類でも体裁や記載内容が幅広く、どれを取得するか迷うもの」など、意外に判断が難しく、スムーズにいかないことが多いのです。

書類を準備するときのポイントは、**銀行の用意する「借り換えマニュアル」や「必要書類リスト」を熟読し、とにかくその通りに書類を揃えること**です。前出の紛らわしい書類も、よく読めば細かい書類の種別まで必ず記載されています。

規定どおりに書類が揃っていれば、審査は至ってスムーズです。「適当に書いてとにかく1回出してしまおう」ではなく、少しでもわからないところがあれば、その都度、電話で確認しましょう。

どの銀行も、コールセンターを設けて問い合わせに対応しています。

一見、面倒に感じるかもしれませんが、最終的には書類のやりとりというムダな時間のロスがないので、スピーディーに契約までこぎつけることができます。

5-6
申し込み準備⑥

「必要書類集め」では、配偶者と専門家の手を借りる

書類には本人以外が受け取り可能なものも多い

本書では「必要書類を取りに行くのが大変」「手間がかかる」と繰り返してきましたが、「最初に住宅ローン手続きをしたとき、そんなに書類を集めるの大変だったかな？」と感じた人もいるかもしれません。

その印象はあながち間違っていません。たしかに、マイホームを買ったときの書類集めは、それほど大変ではなかったことでしょう。

不動産関係の書類は不動産業者や工務店が準備してくれますし、住宅ローン契約についてもあれこれ世話を焼いてくれるからです。

しかし、借り換えは「たった一人の戦い」です。わからないことがあっても、こちらから助けを求めない限り、先回りして気を利かせてくれる人はもういません。

だからこそ、配偶者や専門家の手を借りて、効率的に資料集めを行う必要があるのです。

書類の中には、**本人が受け取らなくてはならないもの、委任状があれば本人以外でも受け取れるもの、ネットで取り寄せが可能なもの**に分かれています。

また、事前審査までに必要なもの、本審査までに必要なもの、完済手続き日（融資実行日）までに必要なものなど、その都度、期限も意識しなければなりません。

この本の冒頭に付けたチェックシートに「必要書類」をまとめてあります。各書類を用意するタイミングや本人以外の受け取りが可能かどうかについても、ひと目でわかるようにしてあるので、「書類を準備し忘れて月をまたいでしまった……」とい

必要書類には紛らわしいものも多い

80ページでも触れた通り、確定申告をしている人の場合、必要なのは「住民税の課税証明書」ではなく、「所得税の納税証明書」。さらに「所得税の納税証明書は1〜4まであって、必要なのは「その1」と「その2」となっている。書類の入手が遅くなり、申し込みが遅れれば、その間に金利が上がってしまうことも!

納税証明書

（その1 納税額等証明用）

住所（納税地）：東京都○○○－○○－○○
氏名（名称）　：○○　○○

税目	申告所得税

年度及び区分	納付すべき税額		納付済額	未納税額	決定納期限等
	申告額	更正・決定後の額			
平成○○年分 本税	¥000,000		¥000,000	¥0	
平成○○年分 本税	¥000,000		¥000,000	¥0	
平成○○年分 本税	¥000,000		¥000,000	¥0	
（備考）					

（その1 納税額等証明用）

違うのは
ココだけだから
間違いやすい

納税証明書

（その2 所得金額用）

住所（納税地）：東京都○○○－○○－○○
氏名（名称）　：○○　○○

税目	申告所得税

年度及び区分	納付すべき税額		納付済額	未納税額	決定納期限等
	申告額	更正・決定後の額			
平成○○年分 本税	¥000,000		¥000,000	¥0	
平成○○年分 本税	¥000,000		¥000,000	¥0	
平成○○年分 本税	¥000,000		¥000,000	¥0	
（備考）					

（その2 所得金額用）

うことがないよう、手続き時の参考にしてください。

書類集めの専門家選びでは、「実務経験」を重視する

書類集めを専門家に頼む場合、本来なら私のような商品選びから手続きまで一括して行うことのできる**住宅ローンの専業コンサルタントが望ましい**のですが、人数は多くありません。そのため、ファイナンシャルプランナーなどに、不動産登記簿謄本や住宅ローン返済予定表などの資料集めだけを手伝ってもらうのも選択肢の一つです。

土地、建物の登記簿謄本、公図、地積測量図などは法務局に取りに行く必要がありますが、自分で行くのはやや大変なので、司法書士に依頼するとよいでしょう。借り換え時に登

記の手続きが発生するので、依頼予定の司法書士に併せてお願いすれば実費で取り寄せてくれます。

ただし、金融機関が司法書士を指定する場合は、まとめてお願いするわけにはいかなくなります。

その場合、**ファイナンシャルプランナーに依頼する選択肢もあります。その場合には、「住宅ローン手続きを扱ったことがありますか？」と必ず質問**してみてください。

実務経験のないファイナンシャルプランナーは、登記簿謄本の取り方を知らなかったり、「書類は銀行の規定どおりに集めるのが肝心」という勘所を知らなかったりすることが多いからです。

ファイナンシャルプランナーは業務の範囲が広いため、それぞれ専門分野を持っていますが、大半は生命保険の見直しや相続関係です。住宅ローンを扱っている人はそう多くありません。

思い込みで商品をすすめる専門家は意外に多い

この「実務経験の有無」は商品のすすめ方にも関係してきます。

実務で住宅ローンを扱っていたり、仕事で金融情報を扱う立場にいたりするファイナンシャルプランナーであれば、日々金利は変動していて、銀行のサービス内容や取り扱う範囲も変化していることを肌身に感じています。

けれども、そうでないファイナンシャルプランナーの場合、「この銀行はいい」「この商品がいい」と一度思い込むと、半永久的にそれがベストであるという思い込みがなかなか消えません。

そしてこの思い込みは、「現在、もっともおトクな商品はこれです！」と、何年も前の情報をもとにすすめてみたり、「どのお客さまにも自信を持ってこの商品をおすすめします」といった見当はずれのアドバイスにつながってくるのです。

少し考えればわかることですが、**時間が経てば金利も変わっていますし、借り換えをする人によって収入も違えば、ローンの残債も残存期間も違います。同じ商品が全員のベストであるわけがありません。**

前記のとおり、専門家に相談するときは必ず具体的な実績を確認してください。工務店や不動産会社、マンション販売会社などで実務経験のあるファイナンシャルプランナーであれば、心配ないでしょう。

5-7

申し込み準備⑦

委任状の正しい書き方を知ろう

委任状の作成は思いのほか簡単！

借り換えでは、委任状さえあれば、たいていの必要書類を配偶者や司法書士、ファイナンシャルプランナーなどが、「代理人」として代わりに申請して受け取ることが可能です。

委任状は、書類の発行元である自治体などのホームページからダウンロードできる場合もありますが、必要事項が明記されていれば、自分で作成したものでも構わないとされています。

委任状に明記すべき項目は、次のとおりです。

【代理人に関する事項】
・氏名、住所

【委任者に関する事項】
・誰が、誰に、何の権限（たとえば納税証明書の申請、受領など）を委譲するのか
・委任する日付
・氏名、住所
・押印
・日中に連絡の取れる電話番号

サンプルを左ページに掲載したので、参考にしてください。

代理人は申請時に本人確認の書類が必要

なお、**代理人は、自身の本人確認書類を持参する必要があります。**

本人確認書類は、運転免許証、マイナンバーカード（個人番号カード）、パスポートなどであれば、1点を提示すればOK。

それ以外の健康保険証や年金手帳、年金証書、住民基本台帳カードなどの場合は、2点を提示する必要があります。書類の発行元のホームページなどでよく確認しておきましょう。

委任状の作成例

委任状の
作成年月日

委 任 状

平成 ◎ 年 △ 月 ○ 日

（代理人） 住所 東京都世田谷区世田谷1-○-○

氏名 岡野 花子 生年月日 昭和50年6月△日

私は、上記の者を代理人として、下記の権限を委任します。

課税証明書の場合に必要。平成29年度は、前年の28年1月～12月の所得が対象

委任事項 平成29年度（平成28年中所得）

特別区民税・都民税 課税証明書3通

「課税証明書」「住民票の写し」など、必要な証明書の種類を記入。通数は、本審査に申し込む銀行の数だけ記入

使用目的（提出先） 住宅ローン借り換えのため銀行に提出

（委任者） 現住所 東京都世田谷区世田谷1-○-○

証明を受ける年度の賦課期日（1月1日）現在の住所 同上

氏名 岡野 太郎 印

必ず本人が署名・押印

生年月日 昭和49年11月○日

電話番号 03-339◎-0597

税務署、役所、金融機関など、訪問先によって形式を変える必要はありません。
「委任事項」「使用目的（ 提出先）」のところを変更するだけでＯＫ です！

手続きSTEP❶ 事前審査を申し込む

「事前」だからと手を抜くと本審査に影響アリ！

インターネットで借り換えを申し込むと、必ず本審査の前に「事前審査」があります。銀行によっては「仮審査」と呼んでいるところもあります。

記入する項目は、現在のローンの種類や金利、残債、残存期間などの「借入内容」、勤務先や年収などの「個人情報」、延床面積などの「物件情報」、カードローンや自動車ローンといった「その他の借入」など多岐にわたり、かなりのボリュームがあります。「うわっ！　借り換えってかなり面倒くさい」と、その記入量に圧倒されてしまうかもしれません。

でも、**所要時間は手元に書類さえ揃えておけば30分ほど**です。銀行に行く手間を考えると、たいしたことはありません。

事前審査は、原則として銀行が「借り入れに対する返済能力の有無」をチェックするものです。

銀行は明確な借入基準を設けていますから、早い場合は、審査は即日回答～3営業日程度と、結果が出るのもスピーディーです。

記入のポイントは、**事前審査時と本審査時の申し込み内容をきちんと一致させる**こと。

よく「事前審査だから適当に入力してもいいんでしょ？」と思っている人がいますが、これは絶対にNGです。本審査時と情報が違っていると、虚偽があったとみなされて、本審査に落ちてしまう可能性があるからです。

延床面積なども記憶に頼らず、登記識別情報や建築確認済証などで確認のうえ、入力してください。

5-9
申し込み
実践②

手続きSTEP②
完済手続きを申し入れる

完済手続き日から逆算して借り換えスケジュールを考える

事前審査と同時に、現在住宅ローンを借りている銀行に、完済手続きにかかる日数を確認しましょう。

2週間程度で手続きできる銀行もありますが、住宅金融支援機構などの取次金融機関の中には、1カ月は見ておく必要のある金融機関もあります。いずれにせよ、129ページでもお話ししたとおり、この時点で申し入れをしておくと安心です。

月末に完済手続き（融資実行日）を設定し、そこから本審査や契約日を考えてスケジュールを組みます。

現在借り入れている銀行には以下のことを確認しておきます。

・**完済手続きが可能な日**
・**抵当権抹消書類の受け取り可能日と受け取り方法**
・**完済予定日時点における完済に必要な金額**
・**完済金額の振込口座**

受け取りは、完済手続きの日が望ましく、当日受け取れない場合は、本人以外の配偶者や司法書士でも受け取り可能か確認してください。

条件変更を提案されてもうかつに返事をしない

借り換えを切り出すと、現在借りている銀行から激しく抵抗され、条件変更を提案されることが予想されます。

金利を下げてもらえると聞くと、つい妥協してしまいがちですが、借り換えに比べて、どれくらいトータルコストで差があるかを確認するまでは返事をしてはいけません。

口車に乗って、数百万円をふいにしないよう慎重に判断しましょう。

5-10

申し込み
実践③

手続きSTEP③ 本審査を申し入れる

入力画面が保存可能だから空き時間にも作業できる

事前審査の結果連絡は、自分のマイページ経由で通知が来る場合もあれば、メールや郵送、電話などの場合もあります。

この後、本審査へと進みます。本審査はインターネット上で申し込みが行える銀行もあれば、書類が送られてきてそれを返送しなければならない銀行もあります。

一つ注意したいのは、インターネット上で申し込む銀行の中でも、入力の途中段階で画面を保存できるところもあれば、最後まで入力しないと保存できないところもあることです。そのため、**最初に保存方法を確認しておくようにします。**「せっかく入力したところが全部消えてしまった……」というミスを防げます。

最後まで入力しないと保存できないときは、不明な箇所にダミーの数字を入れるなどしてとりあえず最後まで進み、一度保存してしまいましょう。

保存しておけば、いちいち最初から入力しなくても、途中段階から移動中や夜中などちょっとした空き時間にも作業ができて効率的です。

本審査でも、概算でいい入力欄がある

本審査で入力に迷うのは、「資金計画」欄です。

借り換えにかかる費用を上乗せして借り入れしようとするときに、いくら借りればいいのかよくわからなくて迷うことになります。

諸費用の計算例を掲載しているところは、真似をすれば計算できるのでいいのですが、手がかりのない場

合は、120ページの諸費用の例を参考に、上乗せ金額を概算で入力しましょう。

「概算なんて……」と心配になる人もいるかもしれませんが、諸費用については、銀行も見積書が出てくるまで正確な金額を把握できません。そのため、概算の申請でも受け付けてくれるのです。

また、「現在の資産の概要」欄も何を書いていいのか悩む人が多いところです。

しかし、この欄も、預貯金や有価証券、不動産などの正確な評価額を入力する必要はありません。概算でOKです。

本審査の申し込み時には一緒に必要書類も送付します。郵送やFAX、アップロードなど、銀行の定める方法に従いましょう。

「本審査」画面の主な入力項目

申し込み項目は銀行によって異なりますが、以下に代表的な項目と記入例をまとめました。入力の際の参考にお使いください。

Ⓐ 本人情報

▼名前・住所等

名前	**世帯家族数**
ダイヤ太郎	3人
性別	**住所**
男	東京都渋谷区渋谷○-○-○
生年月日	**電話**
昭和54年11月24日	03-○○○○-○○○○
配偶者の有無	**現在の住まいの居住開始年月**
あり	平成22年10月7日
家族との同居の有無	**家族構成（名前、続柄、年齢など）**
あり	ダイヤ明子・妻・35歳 ダイヤ完太・長男・7歳
扶養家族の人数	
1人	

▼勤務先について

名称	**従業員数**
サプライズイベント	500名以上
法人格	**役職区分**
株式会社	一般社員
所属部課	**就業状況**
広報部	正社員
業種	**現在の勤務先の勤続年数**
広告代理店	10年
事業内容	**前勤務先**
ー	あり
出向先／派遣先会社名	**給与収入**
ー	640万円(うち賞与100万円)
職種	**給与収入以外(事業所得)**
コピーライター	ー
勤務先住所	**給与収入以外(その他)**
東京都新宿区新宿○-○-○	ー
定年の有無、年齢	**前年度税込年収**
あり／60歳	640万円
勤務先区分(上場企業など)	**給与種類**
上場企業	ー

▼その他

日中連絡可能な電話番号	**相談内容**
○○○○-○○○○-○○○○	ー
日中連絡可能な時間帯	**8大疾病の案内**
10〜17時	希望しない

B 借入状況

▼現在の借入状況

借入先の金融機関	残存期間
○○○銀行	28年
当初の借入額	**借入金額の残高**
3200万円	2600万円
借入開始日	
平成22年10月	

▼その他借入状況　ない場合、入力不要

借入先の金融機関	残存期間
―	―
当初の借入額	**借入金額の残高**
―	―
借入開始日	
―	

C 借入内容

▼借入内容（希望）

借入希望日	返済方法
平成29年10月16日	元利均等返済
借入希望期間	**保証料の前払いの有無**
28年	なし

▼必要資金について

土地取得資金	—
建物取得資金（含むマンション）	2600万円
リフォーム資金	—
諸費用	30万円
必要資金の合計	2630万円

残債を入力

概算でOK

自動計算されるため、入力不要

▼資金計画について

借入希望金額	2630万円
他の金融機関からの借入予定	—
自己資金等	—
自己資金の合計	—
資金計画の合計	2630万円
借入の分割の希望の有無	いいえ
借入希望店	渋谷支店
当行への預金口座の有無	新宿支店／口座番号 普通 0000000
家族ペア相手（連帯保証人）の有無	—
資産の内容	預貯金300万円、有価証券200万円
時価総額	500万円

諸費用込みの概算でOK

自動計算されるため、入力不要

時価計算。概算で構わない

ペア相手がいる場合、住所や名前、勤務先情報（事業内容や勤続年数、前年度の税込み年収など）、借入対象物件持分など詳細を入力

▼借入対象物件について

所在地	東京都渋谷区渋谷○-○-○
建築年月	平成22年8月
当初物件取得年月	平成22年9月
建物面積	82㎡
土地面積	
土地地目	

マンションの場合は「建物面積」の欄に、「専有面積」のみを入力

5-11

申し込み
実践④

手続きSTEP4 契約手続きを行う

契約の遅れは融資実行日に影響するので迅速に手続きを

本審査の結果は、事前審査と同様の形で通知されます。多くの銀行が「本審査の結果は6カ月間有効」としていますが、金利情勢が変わらないうちに手続きしてしまうのが正解です。

契約手続きはインターネット経由で、マイページなどに金利タイプや返済日などの「借入内容」を登録する銀行もあれば、郵送されてくる「住宅ローン契約書（借り換え）」などに記入して返送する銀行もあります。

どちらにしても、月をまたぐと金利が変わってしまうため、注意が必要です。特に郵送の場合、銀行に到達する日を考えて手配しなければなりません。

入力の際は、**住所は印鑑証明書に記載されている住居表示どおりに、番地や号などをまったく同じに書かなければならない**ことなどに注意しましょう。

契約書を銀行が確認すると、契約内容について、最終の意思確認を行うため、銀行から確認の電話が入ります。

住宅ローン契約書とともに、必要書類も郵送やＦＡＸ、アップロードなどで送信します。

「融資実行日は、契約書類が銀行に到着してから10営業日以降の平日」「契約書類の返送は、借り入れ希望日の6営業日前まで」など、**銀行ごとに融資実行日（完済手続き日）の設定には時間的な制限が設けられてい**ます。

全体のスケジュールを考え、契約は迅速に済ませるようにしましょう。

5-12

申し込み
実践⑤

手続きSTEP⑤ 司法書士との面談を行う

面談の目的は本人確認や登記意思確認のため

借り換え先の銀行が指定する司法書士と連絡を取り合い、面談日や面談場所を決め、打ち合わせを行います。

連絡は銀行か司法書士のほうから入るので、こちらから電話をすることはありません。

担保提供者（共有名義人や親族が地主の場合）や連帯保証人（ペアローン）、連帯債務者の同席が必要なので、必要に応じて関係者全員で予定を合わせておきましょう。

この面談は本人確認や登記意思確認、抵当権抹消・設定登記手続きの打ち合わせを目的に行われるものです。司法書士は、ローン契約者や担保提供者が抵当権抹消・設定登記を希望しているのかを確認します。

当日準備するものは次のとおりです。

①実印
②運転免許証・パスポートなどの本人確認書類
③印鑑証明書
④自宅の「登記識別情報通知」もしくは「権利証」

これらは、出席者全員が用意する必要があります。

打ち合わせでは、**司法書士が用意してきた抵当権設定書類や委任状に署名・捺印**します。

なお、ローン契約を銀行で行う場合は、この打ち合わせを契約締結日に設定したり、完済日（融資実行日）と同じ日に設定したりする銀行もあります。

その場合、抵当権設定書類を住宅ローン契約書などと一緒に事前に送付しておくケースが多いようです。

5-13
申し込み
実践⑥

手続きSTEP⑥ 完済・抵当権設定を手続きする

完済日に銀行に行く必要があるか事前に確認

いよいよ最終段階にたどり着きました。

完済日当日（融資実行日）に銀行に行く必要があるのは、以下の２つの場合です。

①抵当権解除証書を本人でなければ受け取れない場合

②完済するための返済口座が本人の口座ではなく、金融機関が指定する口座のため、借り換え先の銀行から直接入金（返済）できない場合（本人がネットバンキングから送金できる場合は別）

「①」については、完済手続きを行った際に受けた指示に従います。ただ原則、司法書士が抵当権解除証書を代理で受け取れる場合には出向く必要がないはずです。

「②」についても同様に、完済手続きの際に指示のあった方法で、借り換え先の銀行は、現在の借入銀行に確認した返済方法を実行します。多くは、本人の現在の返済口座に入金すると、自動的に返済が完了。**現在の住宅ローンを借り入れている銀行の担当者が、借り入れ先の銀行から融資が実行されたことを確認**してくれるため、銀行に出向く必要はありません。

ただ、たとえばフラット35では、場合によって、金融機関が指定する口座に入金するよう指示を受けるケースがあります。

この場合、借り換え先の銀行からいったん本人の口座に入金してもらい、その後、自分で指定のあった金融機関の口座に振り込みを行わなければなりません。

そのため、本人がネットバンキン

グを利用できる場合は銀行に行く必要はありませんが、そうでない場合、銀行に足を運び、その場で払戻請求書（預金を現金などで払い戻すための書類）などの必要書類に記入します。

少し面倒なのは、この際に当日、本人が銀行に行けない場合です。代理人をどうやって認定するかは銀行次第なので、手続きを確認しておく必要があります。

たとえば、事前に振込依頼書を提出すればいいところもあります。また、当日親族であれば持参し、銀行から本人に電話で意思確認をするところもあります。

抵当権設定書類を郵送で受け取ったら手続きは完了

完済が確認されたら、最後に、**銀行から抵当権抹消書類を受け取り、手続きは完了**です。

記入してきた抵当権設定書類と、銀行から受け取った抵当権抹消書類を司法書士に渡し、この後、法務局で登記手続きをしてもらいます。

法務局の手続きが完了するまでは、数週間かかるのが一般的です。

手続き終了後、司法書士から「登記済権利証（登記識別情報通知）」および変更された「不動産登記簿謄本（登記事項証明書）」が郵送されてきます。これらは、大切に保管してください。

6
♠

第6章

減収でも、転職直後でも、
借金・延滞があってもあきらめない!

借り換え時の審査のツボと対処法

♠
9

6-1

審査への心得

ポイントを押さえて審査に万全を期す

事前審査は返済能力、本審査は担保物件を査定

ここまで、ローンの選び方から申請手続きまで、駆け足でひととおりお話ししてきました。

しかし、せっかく金利の安いローンを選び抜き、手間暇かけて申請したのに、審査で落ちてしまった……という人もめずらしくありません。

借り換えに成功すれば、数百万円ものメリットを手に入れられるのですから、審査のポイントを正しく理解し、打てる手はすべて打っておきたいものです。

そのために、まずはおおまかな審査の流れをおさらいしましょう。

審査には「事前審査」と「本審査」があることはすでに触れましたが、一般的に前者は銀行が行うのに対し、後者は保証会社が行います。保証会社は、住宅ローンが返済できなくなった場合に、契約者に代わって銀行に返済を行う会社です（審査体制が異なるところもあります。フラット35は保証会社に代わり住宅金融支援機構が審査をします）。

事前審査は、銀行が返済負担率（銀行によって異なりますが年間の返済額が年収の25〜40％以下）や返済能力等のチェックを目的に行うものです。

一方、事前審査に通った後に行われる**本審査は、返済能力をより詳細に分析することに加え、担保物件の価値や団体信用生命保険に加入できる健康状態かなど、返済ができなくなった場合も想定**した査定を行います。

直接、貸し倒れリスクを負う保証会社は、事前審査ではチェックしなかった項目まで慎重に審査します。

最初の住宅ローン審査時と年収などに変化はないか

借り換えだからといって、新規のときと審査基準が大きく変わるわけではありません。

ですから、**最初の住宅ローン申請時から、申請者の状況が大きく変わっていなければ、審査に通る可能性は高い**といえます。

では「状況が大きく変わる」とはどういうことかといえば、たとえば、当時より大幅に収入が減っていたり、転職していたり、健康に問題が発生していたりするケースです。

毎月返済していける額には限度がありますから、住宅ローン以外の借金が増えている場合も、当然、審査に影響します。

また、最初に住宅ローンを申請したときよりも、物件の担保評価額が下がっていることが、融資額に影響するケースもあります。

いずれにしても、一度住宅ローンを借りられたからといって、審査が甘くなるようなことはありません。

借金増や減収でも借り換えをあきらめない

ただ、**審査に不利なこうした問題の中には、ある程度対処が可能なもの**もあります。

たとえば、消費者金融から借りている場合、審査に通る可能性はほぼゼロですが、銀行系からの借り入れであれば、チャンスはあります。

また、減収している場合の対策として、配偶者との収入合算や返済期間を延ばす手があります。

次項から、こうした審査のネックになりそうなポイントに焦点を当て、その具体的な対策についてお話ししていきます。

借り換え審査前に打つ手のある問題

- ☐ 最初にローンを申し込んだ時より、減収している。
- ☐ 最初にローンを申し込んだ時と、職業が変わった。
- ☐ 最初にローンを申し込んだ時より、住宅ローン以外の借金が増えている。
- ☐ ここ1年間のうち、キャッシングや住宅ローンの支払いに遅延があった。
- ☐ 健康に問題を抱えている(団信に加入できない)。
- ☐ 離婚するかもしれない、もしくは離婚した。

6-2

審査対策の勘所①

大幅な減収には「収入合算」「返済期間の延長」を考える

「減収」でも返済負担率の範囲内なら審査はクリア

勤務先の業績悪化や転職などで、最初に住宅ローンを申し込んだときよりも収入が減ってしまっている人もいるかもしれません。

借り換えをして少しでも月々の返済額を減らしたい。でも、審査に落ちるのは目に見えている、と頭を痛めていることでしょう。

すでにご存知の方も多いと思いますが、住宅ローンの審査で重要なウエイトを占める返済負担率についてここでおさらいしておきます。

返済負担率とは、年収（税込み）に占める年間返済額の割合のことです。

じつは、この返済負担率の具体的基準を公表している金融機関の数は少なく、オープンにしている金融機関としては、住宅金融支援機構「フラット35」が有名です。**フラット35は、年収400万円以上なら負担率35％以内、年収400万円以下なら30％以内**と設定しています。

一般の銀行では、**年収400万円以上なら負担率35〜40％以内、年収200万円以上400万円未満なら30％以内、年収200万円未満なら25％以内**といったところが多いようですが、基準は各銀行によって異なります。

この返済負担率から申込者の年間返済額および毎月返済可能額を算出し、そこからマイカーローンやキャッシングなど、他のローンの返済額を差し引いた金額が住宅ローンの返済に充てられる金額と判断します。

減収になったとはいえ、収入が安定していて、この返済負担率の中に収まっているのであれば、問題なく審査に通ることが多いようです。

頭から「給与が下がったから借り換えできない」と決めつけず、左の計算例を参考に、自分の返済負担率を計算してみましょう。

返済負担率の計算例

ケース1
年収500万円、年間のローンの返済額150万円の場合
→150万円÷500万円×100=30%
返済負担率の上限35～40%を下回るため○

ケース2
年収300万円、年間のローンの返済額96万円の場合
→96万円÷300万円×100=32%
返済負担率の上限30%を上回るため×

妻との収入合算で減収分を補う

もし、この返済負担率をオーバーしてしまう場合、**配偶者や直系親族などとの「収入合算」で解決を図れる**ケースがあります。

収入合算できる金額は銀行により、「申請者（夫）本人の収入の2分の1まで」「妻の収入の2分の1まで」「妻の収入全額」などさまざまです。電話等で確認してください。

なお、**正社員だけでなく、パート勤務などによる収入でも合算することを認めている銀行がほとんど**です。

ただし、収入合算する場合は、年収を証明する源泉徴収票が必要なので、パートでも1年以上勤務していることが望ましいでしょう。

一つ注意は、収入合算の場合、育児休暇や病気による退職などで妻の収入が減ったり途絶えたりすると、一気に返済が滞る可能性がある点です。

そのため、住宅ローンの返済をしながら、万が一に備えて貯蓄するなどの予防策を講じておくべきです。

収入合算の効果

●夫の年収400万円のみで借りた場合
⇒借入可能額=**2767万円**
●夫の年収400万円、妻の年収のうち100万円が収入合算に認められた場合
⇒借入可能額=**3459万円**
約700万円増額

年収のアップ率がそのまま借入可能額のアップ率に

※審査金利3%、借入期間30年、元利均等返済、返済負担率35%で計算
※「審査金利」とは、将来の金利上昇の可能性を加味して、借入可能額を算出する際に用いる審査用の金利

さらに、団体信用生命保険（団信）は借入金と一体となっているため、借り換えのために現在の住宅ローンを完済すると、団信も自動的に解約されます。借り換えの際に、改めて団信に加入できないと、ほとんどの銀行で審査に通らないため、**その時点での健康状態が重要**となります。

収入合算がダメでも「返済期間の延長」がある！

収入合算が難しくても、まだ手はあります。109ページでお話しした「**返済期間の延長**」を最後の手段として検討してみてください。

返済期間を延ばせば、総返済額はアップしてしまいます。しかし、**金利の低いローンに借り換えることで、その上昇分を低く抑えながら、月々の返済額を減らし、返済負担率を押し下げることが可能**です。

ただ、**銀行によって返済期間の延長についての対応はずいぶん異なり**ます。ほとんどの銀行は延長を依頼すると、返済が困難になったと考えて受けません。ただし、フラット35のように条件に合致する人にだけ延長を認めるケースや、新生銀行のように延長を原則受け入れるケースもあります（106ページ参照）。

減収を返済期間の延長で乗り切る

●30歳時に返済期間35年で借り入れ、10年後の40歳時に借り換えた場合

当時の年収450万円は現在350万円にダウン

	現在の住宅ローン	借り換え後	アップダウン
金利	3.3%	1.3%	▲2.0%
金利	2500万円	2500万円	—
残りの返済期間	25年（65歳完済）	30年（70歳完済）	5年延長
総返済額	約3675万円	約3020万円	▲655万円
毎月返済額	12万2490円	8万3901円	▲3万8589円
返済負担率	約42.0%	約28.8%	▲13.2%

年収300万円台の返済負担率の条件を満たしていないため、借りられない

金利が2%下がった効果で、返済期間を延ばしたにもかかわらず、返済額が大幅減!!

返済期間を延ばしたことで、返済負担率の条件をクリア!

「残債や残存期間が少ない」「年齢が30～40代で返済期間を長めに設定できる」場合は検討も!

6-3
審査対策の勘所②

転職してすぐでも借り換え可能な金融機関もある

転職して1カ月でも借り換えできる銀行も

「たしか初めに住宅ローンを借りたとき、勤続年数は3年以上必要だって言われたな。だったら、転職して半年しか経ってないから、借り換えはできないだろう」

そう思って、あきらめている人がいるかもしれませんが、じつはひと昔前と今とでは大きく状況が変わっています。

たしかに、かつてはおおむね勤続年数3年以上、前年度年収300万円以上が住宅ローンを借りられる最低基準でした。

しかし、住宅ローンの獲得競争は激化するばかりで、勤続年数や前年度年収の審査基準が大幅に緩和され、**「勤続年数6カ月以上」「年収100万円以上」という緩い基準を打ち出している銀行**も出てきています。

転職したてで勤務年数が少ない人、年収が一時的に下がってしまった人などには、うれしい動きです。

ネット銀行は勤続年数よりも年収重視！

銀行が明らかにしている「勤続年数」や「前年度年収」の基準は、あくまで最低基準。クリアしているからといって、必ずしも審査にパスするとは限りませんが、その銀行の審査におけるスタンスが見えてきます。

勤続年数や前年度年収は、ローン申請者の返済能力を測る重要な指標です。これまで多くの銀行は、長期間にわたる住宅ローンの返済に問題が起きないよう、高めの基準を設定していました。

それに対し、従来の審査基準にとらわれず、より多くの人に門戸を開く銀行が増えてきたのです。一部の銀行は、勤続年数については1~2年以上からと短いのに対し、前年度年収は400万円以上のところもあるなど、比較的高い基準が設けられています。

多くの銀行は「年収」による単純な返済能力のチェックに重きを置いていて、転職は個別事情を勘案することがうかがえます。

たとえば、下記の表のように、ソニー銀行は住宅ローンの審査にあたって、勤続年数による制限を設けていません。転職して2年以内の場合でも、本審査の前に「転職時に新勤務先の人事部などから提示された雇用契約書、採用通知書、あるいは本年度の年収見込証明書など収入金額記載の書類」と「転職後の給与明細・賞与明細」を提出すればいいことに

新興銀行等の審査基準

種別	銀行名	給与所得者	
		勤続年数	前年度年収
新興銀行	アルヒ	2年以上	300万円以上 (2年平均)
	イオン銀行	6カ月以上	100万円以上
	じぶん銀行	ー	200万円以上
	新生銀行	2年以上	300万円以上
	住信SBI ネット銀行	安定かつ継続した収入がある人	
	ソニー銀行	ー	400万円以上
	楽天銀行	ー	400万円以上

なっています。後者については但し書きが付いていて、「支給がない場合は不要」とのことですから、転職してすぐに申し込むことも可能だということです。

ただ、ソニー銀行の審査が緩いかというと、そうではありません。審査にかかる時間も長いですし、その他の面で厳しいチェックを受けることになります。

また、イオン銀行は勤続年数6カ月以上であるのに加え、前年度年収100万円以上と、突出したハードルの低さとなっています。

新興銀行は年収重視、大手銀行は勤続年数重視

一方、メガバンクや信託銀行などの大手銀行では、勤続年数は表向きとは裏腹に、個別事情を勘案するよ

主要大手銀行の審査基準

種別	銀行名	給与所得者	
		勤続年数	前年度年収
大手銀行	みずほ銀行	安定した収入がある人	
	三井住友銀行	―	200万円以上
	三菱東京UFJ銀行	3年以上	―
	りそな銀行	1年以上	100万円以上
信託銀行	三井住友信託銀行	安定した年収が見込まれる人	
	三菱UFJ信託銀行	3年以上	150万円以上
その他	カブドットコム証券	3年以上	―
	優良住宅ローン（フラット35）	返済負担率が基準を満たしている人	

うになっています。前年度年収は高いところでも200万円以上と、ネット銀行より低めに設定されています。

ここから読み取れるのは、**大手銀行では、収入よりも「雇用状況の安定度」を測り、長期間の返済を乗り切れるかどうかを重視している**姿勢です。

とはいえ、大手銀行の中にも審査基準の緩和に積極的な銀行はあります。経験上、みずほ銀行は、勤続年数3カ月以上、前年度年収300万円以上でOK。りそな銀行も、勤続年数1年以上、前年度年収100万円以上なら審査対象になってきます。

「転職が多くて年収も不安定だから、大手銀行は無理だろう」という思い込みは禁物です。

また、**審査のハードルが低いことで知られているのが、「フラット35」です。「勤続年数」の縛りがなく、返済負担率（152ページ参照）さえ、基準を満たしていれば、転職した直後でも申し込めます。**

「勤務年数を問わない」はココに注意

転職後、すぐ借り換えをする場合には、いくつか気をつけておくべきポイントがあります。

一つは、勤続年数を問わないフラット35などに申し込む場合です。このとき提出が求められるのは、それまでもらった給与明細で、銀行はこれをもとに返済負担率を計算します。

ということは、**勤続年数を問わないとはいえ、1カ月以上は勤務している必要**があるということです。

そこで注意が必要になるのが、実際の支給額です。

たとえば給与の締め日が毎月20日締めなら、前月の20日～当月の20日まで勤務して、はじめて給与と給与明細が出ます。そのため、1日から丸々1カ月間勤務しても、20日分の給与明細しか手にすることができません。

正規の給与が月35万円だとすると、年収は420万円。ローンの毎月返済額が12万円だとすると、年間返済額は144万円です。

本来ならば、

ローンの年間返済額144万円
÷年収420万円
＝返済負担率約34％

となり、フラット35の年収400万円以上の返済負担率の基準である35％をクリアします。

ところが、20日分の給与が24万円だとすると、返済負担率を審査するときは、年収は24万円×12カ月＝288万円として計算されます。

そのため、

ローンの年間返済額144万円÷年収288万円＝返済負担率約50％

という結果になってしまい、基準をクリアできません。

細かいことですが、このように**転職したてのときは、給与の締め日や、初回給与の水準も考慮したうえで、ローンの申し込みを行う**ようにしましょう。

「試用期間」があるときも同様の注意を！

また、転職後に数カ月間「試用期間」がある場合には、正式採用となるまで、本来より低い額の給与を受け取ることになります。

もうおわかりだと思いますが、この場合も、前述のケースと同じように、低い給与をベースに年収が算出されるため、返済負担率をクリアするのが難しくなります。基本的には、申し込みができるようになるまで、数カ月単位で待つしかありません。

ただ、**銀行によっては、採用時から1年間の見込み年収の額で、審査してくれるところ**もあります。

その際は、転職先が発行する「年収見込証明書」などが必要になるのが一般的です。銀行によって対応はさまざまなので、あきらめず、問い合わせてみましょう。

以上、ここまで述べてきたのは、給与所得者＝会社員に限ってのことです。個人事業主やフリーランスの借り換えの勘所については、次項でお話しします。

CHECK!

勤続年数が短いと一括払型保証料は上がる可能性も！

ある保証会社の場合、一括払型保証料の金額を、まずは勤続年数によって5つのランクに振り分け、そこに申し込み者の勤務先や収入などの属性や担保評価によって、加算するという方式で決めているところがあります。

一番上のランクと最下位のランクでは、基本的な保証料に4～5倍の違いがあり、加算分についても同様です。

そのため、一番上のランクで超過のない人の保証料（20年保証）が100万円あたり約6500円のところが、最下位ランクで加算があると、じつに約15万5000円まで跳ね上がります。

保証料が金利上乗せタイプの商品の場合、おおむね0.2％で横並びですが、一括払型の金額を金利換算して比べると、かなり高い設定となっています。

6-4

審査対策の勘所③

個人事業主・経営者は決算書と税金に気をつける

3期黒字が原則だが相談の余地はある

現在の住宅ローンを借りたときは会社員でしたが、今は会社を退職して独立している人もいると思います。一般的に個人事業主や小さな会社の経営者は収入が不安定であるとみなされ、会社員よりマイナス地点からのスタートとなります。審査基準も会社員より厳しめに設定されます。「そうは言うものの左ページの表を見ると、会社員の審査基準とそう変わらないいじゃないか」という声も聞こえてきそうですが、別の部分で大きな違いがあります。それは通常、**銀行から3期分の決算書や確定申告書の提出を求められることです。**

日々の仕事の忙しさから、確定申告書や決算書の作成が手つかずになっている人もたまにいますが、その場合、申し込みすらできません。

また直近の3期のうち、**1期でも赤字だと、それだけで審査に通らない銀行**もあります。収入の安定性がないと判断されるからです。

そのため、3期連続黒字を達成するまで待つのが基本ですが、決算内容を精査して実質的に問題がないかどうかを判断してくれるところや、逆に決算書を見ないところに持ち込む方法も考えられます。

銀行によっては、節税の工夫で赤字決算にしている場合には、審査を通すこともありますが、修正申告により数字をお化粧するのは原則すべきではありません。時間と手間がかかるうえ、銀行にも見抜かれます。

また、個人事業主の減価償却費や専従者給与、青色申告特別控除などは経費とみなさず、プラスにカウントしてくれる銀行もあります。このように、赤字決算でも、実質的に黒字かどうか見てくれる銀行もあるので、相談してみましょう。

絶対にしておくべき未納の税金類の処理

会社員の場合、税金や社会保険料は給与から天引きされるため、滞納の心配はありませんが、個人事業主や一人社長の場合、資金繰りの都合や忙しさから、つい滞納してしまうケースがめずらしくありません。

大きな金額でもないため、軽視しがちですが、審査する側の目には、「税金も払えないのか」「だらしない」と映ります。ほぼ一発アウトになりますので、審査を受ける前に必ず支払いを済ませてください。

個人事業主の審査基準

種別	銀行名	個人事業主	
		事業年数	前年度年収
ネット銀行	アルヒ	―	―
	イオン銀行	3年	100万円以上
	じぶん銀行	―	200万円以上
	新生銀行	2年以上	300万円以上（2年平均）
	住信SBIネット銀行	安定かつ継続した収入がある人	
	ソニー銀行	―	400万円以上
	楽天銀行	―	400万円以上
大手銀行	みずほ銀行	安定した収入がある人	
	三井住友銀行	―	―
	三菱東京UFJ銀行	―	―
	りそな銀行	3年以上	―
信託銀行	三井住友信託銀行	安定した年収が見込まれる人	
	三菱UFJ信託銀行	3年以上	150万円以上
その他	カブドットコム証券	―	―
	優良住宅ローン（フラット35）	返済負担率が基準を満たしている人	

6-5

審査対策の勘所④

無自覚な借金と借りる相手に注意する

「借金がない」は思い込み! 分割払いやリボ払いも借金

年収や勤務先に大きな変化がないのに、審査に落ちてしまう人もいます。けれども、銀行や保証会社は落ちた理由を決して教えてくれません。

そのため、「年収基準や返済負担率はクリアしているはずなのに……」と困惑するばかりで、この時点で借り換えをあきらめてしまう人も出てきます。

こういうとき、まず疑ってかかるべきは「借金」の存在です。

「えっ!? 借金? 借金は住宅ローンだけだよ」という人がいますが、下記に挙げた借金のリストを眺めてみると、自分が意外に借金を抱えていることがわかるはずです。**カーローンや教育ローンはもちろんのこと、分割払いやリボ払い、キャッシングも借金**のうちなのです。

これらの借金が以前より増えていると、自ずと年収に占める返済負担率(152ページ参照)が上がり、審査基準に引っかかってしまう可能性が出てきます。

こういう場合には、完済する予定

意外に借金の範囲は広い

- ☐ 住宅ローン
- ☐ マイカーローン
- ☐ 教育ローン
- ☐ 奨学金(学生時代に自分が借りたぶん)
- ☐ クレジットカードのリボ払い、分割払い、キャッシング
- ☐ 車やウォーターサーバーのリース費用
- ☐ 消費者金融のフリーローン

であると申し出るか、完済してしまうのが一番です。できない場合には、155ページで紹介した収入合算などで世帯収入を増やして申請するなどの対策を取っておきたいところです。

キャッシング枠があるだけで借りていることにされる

また、何枚もクレジットカードを持っている人は不要なカードを解約しておきましょう。なぜなら、**実際にお金を借りてなくても、キャッシング枠があるだけで、住宅ローンの借入額を減額される**場合があるからです。

銀行にもよりますが、たとえば、キャッシング枠50万円までは毎月返済額に1万円加算、100万円までは2万円加算といったように決まっていて、そのぶん、住宅ローンに充てられる返済可能額が減ることになります。月々返せる金額が減るわけですから、当然、借りられる額も減ってしまうのです。

カードの解約自体はクレジットカード会社への電話一本で済みます。この際、必ず**「解約証明書」を送ってもらうようにしてください**。解約の事実が、次項でお話しする信用情報に反映されるまでにタイムラグがあるからです。

借り換えを申し込む際に、この解約証明書を添付するようにします。

消費者金融からの借り入れは一発アウトになる可能性大

以上は無自覚な借金への対策でしたが、ローンの種類や借入先、借入額も、審査に大きな影響を及ぼします。

最近では、銀行も系列の消費者金融を持っていますが、なかには「消費者金融から少しでも借り入れをしている人には貸さない」という銀行も存在します。

さらに、銀行はどんな消費者金融から借り入れているかもチェックします。

消費者金融は、大きく3つに分かれます。地域密着の「街金」。レイク、ワールドなどの「中堅会社」。アコムやアットローン、プロミスなどの「大手会社」、です。

このうち**「街金」からの借り入れについては、銀行から「大手や中堅どころで審査に通らなかったから街金に流れた」とみなされ、一発アウトになる可能性大**です。

もちろん、借入額も重要です。今

は借り過ぎを防ぐため、貸金業法（総量規制）により、消費者金融やクレジットカードおよび信販会社のキャッシングについては、年収の3分の1以上の借り入れを禁止しています。賃金業法の範囲外である住宅ローンやカーローン、銀行カードローン、個人事業主への貸付などはこの3分の1の中には含まれません（＝別途、借入可能ということです）。

では、借金があっても、年収の3分の1以内で、返済負担率も要件を満たしているのなら、審査に影響がなさそうなものですが、事はそう単純ではありません。

上限のギリギリまで借り入れている場合、借り換えを申し込んでも、予備審査で即時にはねられる可能性が高いのです。

借金はなるべく一括返済
無理なら銀行系に借り換えを

そのため、借金で真っ先に対処すべきは、総量規制のギリギリまで借りているケースです。

これはもう金額を減らすしか解決方法はありません。親からの資金援助を頼るなどして、できる限り借入額を減らしておきましょう。

特に前記のように、街金はもちろんのこと、中堅どころの消費者金融からの借り入れなどは一括返済しておきたいところです。

一括返済が難しい場合は、せめて銀行系の消費者金融に借り換えられないか、チャレンジしてみてください。同じ消費者金融の利用でも、銀行系だと銀行の見方はまったく違うものになります。

また、総量規制の対象外ですが、クレジットカードによるショッピングのリボ払いや分割払いなども可能な限り返済しておきましょう。返済負担率を押し下げておけば、借入可能額が増え、審査に通る可能性が高まります。

3カ月は無借金期間を作り
「借金体質改善」をアピール

一括返済は「多額のキャッシュを用意できる」ことを証明したことになるため、一般に銀行側からの評価を上げます。

ただし、多くの人が勘違いするのですが、ただ返せばよいという訳ではありません。それは家計の〝借金体質〟が疑われるからです。

過去の履歴をチェックしてみると、「複数の消費者金融から借り入れをしていて、自転車操業状態で月々の返済をしのいでいたようだ」
「年々借入額が増えていた」
「キャッシングは一括返済されたが、そのぶんクレジットカードによるショッピングが急激に増えている」

といったような場合、また「借金を繰り返すだろう」と判断されがちです。

実際、消費者金融はリピート率が高いと言われているので、借金を消したただけでは、ほとんど審査に通りません。

そもそも家計に対して過大な借金をしていること自体が不自然なので、少し時間がかかりますが、**一括返済した後、最低でも3～6カ月程度、借金をしない期間を設け、「体質改善」をアピール**してから審査に臨んだほうがいいでしょう。

よく「借り換えと一緒に借金の清算もできないか?」と相談を受けますが、キャッシング等の残債まで、住宅ローンに含めて借り換えることは当然できません。

二度と自転車操業の日々に陥らないようにするためにも、これを機に頑張って現金を調達し、現在の収入に合わせた生活を送れるように、体質改善に取り組みましょう。

年収777万円あっても借金があると審査に落ちる

	自覚している費用に基づく返済負担率	実際の返済負担率
住宅ローンの毎月返済額	19万円	19万円
その他のローンの毎月返済額	0円	12万円
・カーローン	ー	3万円
・教育ローン	ー	1万円
・奨学金（学生時代に自分が借りた分）	ー	1万円
・クレジットカードのリボ払い（ショッピング）	ー	6.7万円
・スマホ料金の機種代部分	ー	0.3万円
毎月返済額の合計（A）	19万円	31万円
年間返済額（B）＝（A）×12カ月	228万円	372万円
自分の年収（C）	777万円	777万円
返済負担率＝（B）÷（C）×100	29%	48%

無自覚の借金がこんなに!

無自覚なローン返済も拾い出すと、返済負担率35～40%を大きく超える! 手を打たなければ、年収が777万円あっても借り換え不可に!

6-6
審査対策の勘所⑤

遅延・延滞のルールを理解してできる限りの手を打つ

3つの信用情報登録機関から個人情報を取り寄せてチェック

銀行や保証会社が住宅ローンを審査するとき、頼りにするのは申請者本人からの情報だけではありません。信用情報登録機関が管理・提供する「信用情報」を真っ先にチェックしています。

信用情報には、あなたの年収や勤務先、あなたが使っているクレジットカードやカードローン、住宅ローンなどの契約内容や利用履歴が掲載されています。

自分は問題ないと思っていても、予想以上に履歴に〝傷〟がついていて、審査に落ちる原因になっていることがあります。

対面での相談ができない**ネット銀行などでは、履歴に問題があるとまず審査に通らないことも多いので、事前に信用情報を取り寄せ、確認しておく**ことをおすすめします。

信用情報は「本人開示制度」を利用すれば、自分でも見ることが可能です。信用情報を扱っているのは、**シー・アイ・シー（CIC）、日本信用情報機構（JICC）、全国銀行個人信用情報センター（KSC）**という3つの情報登録機関です。

それぞれ加盟会員（加盟企業）が異なるため（複数に加盟しているところもあります）、すべての情報を確認するためには、3カ所すべての情報を取り寄せる必要があります。

申請と情報の受け取り方については左の表のとおりです。

いずれもそう手間がかからず、費用も1回につき1000円程度なので、借り換えメリットを考えれば安いものです。

信用情報機関の種類

信用情報機関名	シー・アイ・シー(CIC)	日本信用情報機構(JICC)	全国銀行個人信用情報センター(KSC)
系統	信販会社・クレジット会社系	消費者金融系	銀行・銀行系カード会社系
主な会員金融機関	信販会社・百貨店・専門店会・流通系クレジット会社・銀行系クレジット会社・家電メーカー系クレジット会社・自動車メーカー系クレジット会社・リース会社・保険会社・保証会社・銀行・消費者金融会社・携帯電話会社など	信販会社、消費者金融会社、流通系・銀行系・メーカー系カード会社、金融機関、保証会社、リース会社など	銀行、政府関係金融機関、信用保証協会、保証会社など
契約・借入・返済についての登録期間	契約中および完済から5年	契約中および完済から5年	契約中および完済から5年
延滞の有無・発生日の登録期間	延滞中および延滞解消から5年	延滞中および延滞解消から1年	延滞中および延滞解消から5年
自己破産	5年	5年	10年
開示請求の方法	PC・携帯電話(インターネット開示あり)、郵送、窓口	スマートフォン・携帯電話、郵送、窓口	郵送のみ
開示請求の手数料	1000円(窓口500円)	1000円(窓口500円)	1000円

情報のチェックポイントは大きく2つだけ

では、取り寄せた情報のどこをチェックすればいいのでしょうか。

各情報登録機関によって、開示報告書の書式や評価の表示方法に違いがありますが、ここでは、シー・アイ・シーを例に開示報告書の見方のポイントをお話しします。

①「入金状況」のチェック

まずチェックするのは、次ページの図にある「入金状況」です。直近24カ月間の入金に遅れがなかったかなどを記号で表示しています。ここに**「A」が3コ以上あると、審査はかなり厳しいといえます。**

「A」は、「お客様の事情で、お約束の日に入金がなかった」というもの。引き落とし日に口座に必要な残高が

シー・アイ・シー（CIC）の開示報告書の「入金状況」欄

年	H29							H28				
月	7月	6月	5月	4月	3月	2月	1月	12月	11月	10月	9月	
状況	A	A	$	$	P	―	―	$	$	$	$	

A：自己都合で約束の期日に入金がなかった

P：請求額の一部のみ入金（本来の金額は入金したが、延滞金等の支払い忘れなどの場合）

―：請求も入金もなかった（クレジットの利用がない）

$：請求どおりの入金があった（問題なく支払われた）

なかったということです。ですから、キャッシングやショッピングの代金に限らず、公共料金やスマホ代など、クレジットカード払いになっているものが期日に引き落とせなければ、「A」がつきます。

「たった3回の遅れで厳しすぎる！」と思われるかもしれませんが、「自転車操業状態なのかもしれない」「こんなにだらしなくて、何十年も住宅ローンを返し続けられるだろうか」と、銀行は考えるのです。

　では、信用情報に多数の「A」があった場合、打つ手はないのでしょうか？　前記のとおり、「入金状況」欄の履歴は24カ月分しか掲載されません。つまり、遅延があったときから最大で2年経過するのを待てば、〝傷〟は消えるのです。人によっては数か月後ということもあります。

　また、「P」は「請求額の一部が入金された」ことを表します。本来の引き落とし額自体は入金したものの、延滞金数百円の支払いを忘れている場合などにつきます。

　この「P」については、延滞金などを支払い、ローン申請時に通帳のコピーなどを添付。その支払い履歴を提示し、審査担当者が問題ないと納得すれば、いくつあっても審査に通ることがあります。

　実際には、**最短で直近6カ月以内、理想は1年以内に延滞がなければ、審査に影響は小さい**といわれています。明日すぐ借り換えを行うわけにはいきませんが、浅い傷で済みます。

②「返済状況」のチェック

　そして、最も重要なのが「返済状況（異動発生日）」の欄です。

　ここに「異動」と表示されている

場合、長期にわたる延滞（61日以上または3カ月以上）があることを指します。いわゆるブラックリスト入りで、**この「異動」になってしまうと、打つ手はほとんどありません。**シー・アイ・シーの場合、延滞解消後も、5年間掲載されます。

住宅ローンの遅延がある人は1年待ってから借り換えを

また、借り換えを考えている人にとって、**最も致命的なのが「住宅ローンの支払い遅延」です。**

直近1年以内に一度でも住宅ローンの引き落としができなかったことがあると、借り換えはかなり厳しいといえます。

公共料金などの単なる引き落とし（クレジットカードを通さない）であれば、遅れてもセーフですが、住宅ローンは一度でアウトです。すでに遅延経験のある人は、延滞を解消した月から1年は借り換えの申し込みを待たなければならなくなる可能性があります。

なお、フラット35はこれまで1日でも遅延があると借り換えできませんでしたが、2017年4月から、遅延しても当月中に支払っていれば、借り換え可能に条件緩和されました。

ちなみに、給与の入金口座と、カードの引き落とし口座等を別にしていて、給与を移し忘れたために残高不足で引き落としができなかった、という人もいるかもしれません。

こうしたケースでは、普段から口座を分けていて、別口座にお金があったことを説明する文書と通帳のコピーを添付すると、審査に有利に働くこともあります。

軽微な〝傷〟のある人はネット銀行より、窓口で相談を

ネット銀行や信託銀行は、掲げた条件に合わない申請者は落としてしまうことが多いのですが、**大手銀行や地方銀行、信用金庫などの場合、窓口で相談すれば事情を考慮**してもらえることもあります。

ただし、前記のように、クレジットカードの支払いを一定期間以上延滞してブラックリスト入りしてしまったり、直近1年以内に住宅ローンの返済が滞ったりしてしまった人は、借り換えの審査には、ほとんど通りません。

ブラックリスト入りする目安は、延滞が61日以上に及んだときです。歯を食いしばってでも61日以上の延滞は避けましょう。

6-7

審査対策の勘所⑥

団信に入れない場合、生保の加入状況で道は分かれる

借り換えの審査基準は団信加入OKの健康状態かどうか

最初に住宅ローンを借りたときは健康そのものだったのに、今は糖尿病で病院通いしているという「健康状態の変化」も、借り換え時の審査では重要なポイントになります。

審査に通るか否かは、団体信用生命保険（団信）に加入できるかどうかが基準になります。

非常にざっくり言えば「完治から3年経過していればOK」。ただし、完治の判断が難しい癌や肝炎、また、うつ病やパニック障害などの精神疾患、生活習慣病である糖尿病や高血圧などは、かなり症状が軽くなければ加入できません。

団信に加入できない病気は意外に多いのです。

一方で、加入できない病気を過去に患ったことがある、あるいは現在治療中であるという人は、薬の種類や量、回復状況などを、レジュメにまとめて提出したり、医師の診断書を添付したりすると、審査にパスすることもあります。

同じ病気でも、審査に通る人もいれば通らない人もいて個人差が大きいため、一概にこうだとは断定できないのが悩ましいところです。ただ、基本的には、「仕事ができるかどうか」「収入が安定しているかどうか」「寿命の予測はどれくらいか」などが審査基準になります。

普通の団信がダメでもワイド団信がある

普通の団信では加入が難しい場合には、**少し金利は高くなりますが（+0.3%程度）、審査基準の緩い「ワイド団信」や「スーパー団信」**など

も検討してみましょう。

これまでに加入が認められた疾患として「糖尿病」「うつ病」「高血圧」「肝機能障害」「心筋梗塞」「脳卒中」など何十種類もの病気が明記されています。

とはいえ、基準が緩いとはいっても、無制限に加入できるわけではありません。

どの程度の症状まで審査に通るかは公表されていませんが、症状がある程度抑えられていて、病状が安定していることが大前提となるのは確かなようです。

可能であれば、医師に一筆書いてもらった資料などを添付するといいでしょう。

団信不要の銀行もあるが、「借り換えない」選択もアリ

なかにはフラット35や東京スター銀行など、団信の加入が絶対条件ではない銀行もあります。

この場合、万が一、ローン契約者が亡くなっても、これまでに加入した生命保険で住宅ローンを全額返済できるのであれば、問題はありません。

問題になるのは、**ローン契約者が団信以外の生命保険に加入していないケース**です。

この場合、**現在の住宅ローンを借り換えてしまうと、団信も失う**ことになってしまいます。

病気を抱えていると、新たに生命保険に加入することはできないため、この団信はとても貴重な存在です。

通常なら、生命保険は年齢が上がるほど掛金も高くなりますが、団信はあなたが50歳であっても、20歳の人と保険料は一緒という素晴らしい保険です。

そのため、病気で団信に加入するのが難しく、住宅ローンをカバーできる生命保険にも加入していない場合には、借り換えで浮く数百万円を捨てても、団信の数千万円の保障を残すことを選択したほうがいい人もいます。

言ってみれば、**団信に入るということは、4000万円の家を購入したら、同額の生命保険に加入したのと同じ**です。

「あえて借り換えない」という選択もあることを覚えておきましょう。

6-8

審査対策の勘所⑦

離婚するなら「後」より「前」の借り換えがベスト

家に住まない債務者の借り換えは難しい

「離婚」も借り換えを難しくする原因の一つです。

ひとくちに離婚といっても、「ローン契約者は誰か」「どちらが現在の家に住むのか」「離婚の責任はどちらにあるのか」などによって、借り換えできるかどうかや、借り換えの仕方も変わってきます。

離婚のケースで多いのは、専業主婦の妻が現在の家に住み続け、ローンはローン契約者である夫が返済を続ける形です。

この場合、一般の住宅ローンは「本人や本人の家族が居住する家を取得する際に利用できるもの」という大前提があるため、ローン契約者である夫が同居していないので、借り換えはできません。

じつのところ、前記のように住宅ローンは、本人や本人の家族が居住することを前提にしているため、離婚して主債務者が家を出ることになると、一括返済を求められる可能性も出てきます。現在の借入先の銀行に話を持っていくどころではないのです。

そのため、もし離婚後の生活に備えて安い金利への借り換えを考えているのであれば、**離婚する前に借り換えを済ませておくほうがいい**でしょう。

もしくは、別居していたとしても、借り換えのために、しばらく同居するということも考えられなくはありません。

妻名義に変更できれば借り換えられる

では、「共働きで年収500万円ず

つの夫婦が、住宅ローンをペアローンで組んでいて、現在の残債2500万円。離婚後は家に妻が残る」ケースにおける借り換えはどうでしょうか。

　この場合、現在の住宅ローンを、**夫名義から妻名義にすべて変更できれば、問題なく借り換えられます。**

　これは何もペアローンに限ったことではなく、夫から妻単独の住宅ローンに変わるだけのことですから、借り換えられて当然の話です。

　そこで前記のケースで、妻が単独で2500万円のローンを金利1・3%、借入期間30年で借りた場合、毎月返済額は約8・4万円となり、

年間のローン返済額約101万円
÷年収500万円
＝返済負担率20%

返済負担率の審査基準もしっかりクリアしています。

　これが借入金4000万円の場合だとどうでしょう。月々の返済額は約13・4万円となり、

年間のローン返済額約161万円
÷年収500万円
＝返済負担率32%

　一応35%以内に収まりますが、シングル暮らしになることを考えると、返済負担率ギリギリまでの借り入れはおすすめできません。

　いくら借り換えで数百万円が浮くとはいえ、高いリスクを伴うものになります。

　そもそも、それ以前に、他のローンなどによる借り入れがあれば、審査が通るか怪しいところです。

　このケースでは、妻に十分な収入があることになっていますが、専業主婦はもちろんのこと、パート程度の収入だと、名義変更でつまずくケースが多くなります。**妻の名義に変更するには、妻の年収だけで、返済負担率の基準を満たさなければならない**からです。

　借り換えよりも、こちらのハードルのほうが問題かもしれません。

［著者］

淡河範明（おごう・のりあき）

ホームローンドクター代表。日本興業銀行（現みずほ銀行）、エル・ピー・エル日本証券を経て、住宅ローン専業コンサルティング会社であるホームローンドクターを設立。

利用者の立場にたち、住宅購入時の資金計画、住宅ローンの選び方を新しい方法で提案している。累計で６０００人超の相談実績。

ザイ・オンラインにて住宅ローンに関する記事の連載や、金融関係者や住宅業界関係者向けの住宅ローンセミナー講師としても活躍。主な著書に『住宅ローン 1000万円の節約術』（ゴマブックス）、『ウサギのローン　カメのローン』（エクスナレッジ）、『顧客がよろこぶ家づくりの資金計画提案』（日経ＢＰ社）など。

既存の常識にとらわれず、現在の経済、金融環境においてより適切な方法を考え、実践的な内容を紹介するのを旨としている。

住宅ローン借り換えマジック

2017年9月21日　第1刷発行

著　者――――淡河範明
発行所――――ダイヤモンド社
〒150-8409　東京都渋谷区神宮前6-12-17
http://www.diamond.co.jp/
電話／03･5778･7232（編集）　03･5778･7240（販売）
装丁･本文デザイン･イラスト――山村裕一（CYKLU）
製作進行――――ダイヤモンド・グラフィック社
印刷――――勇進印刷（本文）・共栄メディア（カバー）
製本――――ブックアート
編集協力――――Business Train（株式会社ノート）、伊藤彩子
編集担当――――鈴木 豪

ISBN 978-4-478-10287-9